Verluste müssen gemacht werden
Von der Kunst an der Börse nicht reich zu werden

von Enrico Dimontalban

Lektorat P. J. Wolmeringer

Parkettweisheit:

Werner Mitsch : „ Man muss hellwach sein, wenn man sein Geld im Schlaf verdienen will. "

Disclaimer

Werter Leser!

Alle in diesem Buch gemachten Aussagen sind rein unterhaltender Natur. Es geht weder darum Sie zum Kauf von Papieren irgendwelcher Art zu animieren noch zu irgendeinem wie auch immer gearteten Verhalten in Bezug auf Ihre eigenen oder Finanzen Fremder zu bewegen.

Angaben zu Chancen irgendwelcher Wertpapiere, Edelmetalle oder sonstiger Investments sind rein fiktiv und keinesfalls ein Tipp zum Kauf oder Verkauf.

Betrachten Sie das Buch als eine Art Parodie auf die Börse und die Geldanlage an sich.

Sämtliche Aussagen, die sich auf existierende Unternehmen beziehen, sind rein beispielhaft und keine Aussage über den Wert, die Art noch die Beurteilung eines bestimmten Unternehmens. Die genannten Unternehmensnamen unterliegen dem entsprechenden Markenrecht und sind demzufolge nur unverbindlich erwähnt.

Alle Aussagen über eventuell lebende Personen oder Personen, die gelebt haben, sind ebenfalls unverbindlich und rein hypothetisch.

Es wird keinerlei Haftung irgendwelcher Art übernommen und das weder vom Verlag noch vom Autor.

Alle genannten Namen von Firmen wie von natürlichen Personen dienen lediglich der Information. Es wird vorausgesetzt, dass der Leser weiß und sich nötigenfalls informiert, wer Rechteinhaber der genannten Namen ist. Die Nennung ist in jedem Fall unverbindlich und stellt keine Rechteverletzung dar.

Auch diesbezüglich wird keinerlei Haftung irgendwelcher Art

Verluste müssen gemacht werden

übernommen und das weder vom Verlag noch vom Autor.

Parkettweisheit:

André Kostolany: „Ein Mann kann zwischen vielen Methoden wählen, sein Vermögen loszuwerden: Am schnellsten geht es am Roulette-Tisch, am angenehmsten mit schönen Frauen und am dümmsten an der Börse."

*

Behalten Sie ihre Aktien immer möglichst lange. Am besten bis die Firma in Konkurs gegangen ist. Zum Glück gibt es kaum noch lieferbare Aktienscheine, die sie sich dann eingerahmt an die Wand hängen könnten. Also ist die Gefahr noch Bares für den Plunder zu bekommen recht gering.

Vorwort

Mit sechs Jahren wollte ich Schriftsteller werden und immer nur die reine Wahrheit schreiben. Nun ja, Schriftsteller zu werden, das habe ich wohl nicht geschafft. Nur die Wahrheit zu schreiben, werde ich nicht schaffen, es ist mir jedoch als hehres Ziel geblieben.

Eigentlich weiß ich nicht, warum mich die Börse seit Kindesbeinen interessiert. Es sind weder börsiale Affinitäten noch frühkindlich sexuelle Neigung zu monetär orientierter Kleptomanie.

Ich erinnere mich: Ich war etliche Jahre bei einer Firma tätig, die von sich behaupten darf, die erste AG Deutschlands zu sein. Eigentlich ein französisches Unternehmen, seit Gründung.

Doch was heißt das schon?

Irgendwer musste den barbarischen Teutonen das filigrane Geldgeschäft schließlich beibringen.

In Italien saugt man Begriffe wie Option, Index, Borsa und Fonds mit der Muttermilch ein.

Ich nehme an, dass dies bereits eine gute Basis ist, um die Wirklichkeit der Börse ansatzweise zu verstehen.

Freilich, wie gewisse Leute mit einem Schweizer Konto nur Gewinn und einem deutschen Konto parallel nur Verluste machten, verstehe ich bis heute nicht. Es müssen wohl Finanztransaktionen sein, die sich einem redlichen Menschen völlig verschließen.

Als ich mich entschloss, ein Buch über die Börse zu schreiben, war mir sehr wohl bewusst, dass es zu diesem Thema reichlich Literatur gibt. Ich möchte jedoch meinen, dass es nur Bücher über das Gewinnmachen gibt, aber keines, das sich mit der traurigen Gestalt des Börsenbankrotteurs abgibt. Es ist halt immer noch schöner von kommenden Gewinnen zu träumen, als den alltäglichen Verlust zu ertragen. Aber leider ist er allzu oft Realität.

Ja, ich glaube fest: Das Leben des Anlegers wird von Niederlagen und Verlusten geprägt. Also lasst mich davon erzählen.

Verluste müssen gemacht werden

100 Jahre Dow Jones Index   © *macrotrends.net*

Ich bin mir fast sicher, dass es nicht weniger unterhaltsam sein wird als nur von Millionen zu reden, die dann meist doch nur die Anderen scheffeln, während wir dabei zusehen dürfen.

Man kann es natürlich auch wie C. W. Wendte sehen, der einmal gesagt haben soll: „Auf dem Weg zum Erfolg ist der, der begriffen hat, dass Rückschläge und Verluste nur die üblichen Umwege sind"

Freilich, in meinen Augen gilt auch immer der kluge Spruch: „Ein Optimist an der Börse ist der Mann, der ungenügend informiert ist."

Wenn Sie sich den Dow Jones über einen längeren Zeitraum anschauen, werden sie mir vielleicht widersprechen. Da ging es doch bis auf wenige Zacken immer nur aufwärts. Mit etwas Geduld hätte damit doch jeder Geld verdienen müssen, oder nicht?

Ich gebe zu, Sie haben Recht.

Allerdings gibt es dabei ein Problem. Wie so oft im Leben ist es die vierte Dimension, die Zeit.

Schauen sie sich den Chart ruhig genau an. Meist geht es langsam bergan und dann in einem gewaltigen Sturz bergab. Welche Nerven halten das durch?

Gewinn machen, schön und gut, wenn man das Gemüt eines Ochsen und die Lebenszeit eines Elefanten hat. Mir ist leider niemand bekannt, der auf seine Gewinne 100 Jahre warten kann.

Viel Spaß also mit den zahllosen Verlusten, Kursstürzen, negativen Gaps, Kursstreichungen und Insolvenzen meines Lebens.

Mit bankrotten Grüßen

Ihr Enrico Dimontalban

Inhaltsverzeichnis

Parkettweisheiten:

Wenn der Markt einbricht und nur die eigene Aktie Boden gut macht, ist das kein Zeichen von Können sondern das Glück des Kopflosen.

*

Udo Bandow : „Das Beziehungsproblem bei Aktien ist; Die Analysten flirten mit ihnen, die Anleger aber sind mit ihnen verheiratet."

*

Aldous Huxley : „Wirklich genießen kann man nur Geld, das man mühsam verdient hat. Aber wenn man es mühsam verdient, hat man keine Zeit, es zu genießen."

Kriegt Höhenangst der wackere Mann,
ein Bär ihm ganz leicht helfen kann

Verliebt, verlobt, verheiratet

Wie war das doch gleich?

Man hat jemanden gesehen, vielleicht nur einen kurzen Moment. Auf dem Bahnhof, an der Rolltreppe, ein interessantes Gesicht, ein zartes Lächeln. Man blickt sich noch einmal um.

Es mag einer jener Momente gewesen sein, die wie ein welkes Blatt im Leben vorbei flattern. Man sieht sich niemals wieder.

Was aber, wenn mehr daraus wird?

Man sieht sich wieder. Ob Zufall oder Ergebnis einer langen Suche, das ist am Ende nicht wichtig. Nach einiger Zeit des bangen Hoffens, des Wartens und der überraschenden Glücksmomente glaubt man nicht mehr, ohne diese Person leben zu können. Sie gesteht, dass es ihr ähnlich geht.

Das ist der Moment, in dem man sich entschließt, sich zu verloben.

Für den Anleger wäre das synonym der Augenblick, in dem er sich sicher ist: „Diese Aktie werde ich kaufen!"

Sie werden sich fragen, was hat eine Liebesgeschichte mit der Börse zu tun?

Oh, sehr viel.

Geldanlage macht man oft aus dem Bauch heraus, ganz genau wie sich zu verlieben. Und es geschieht leider viel zu oft, dass man eine Aktie kauft, von der man besser die Finger lassen sollte. Es ist nun einmal wie im richtigen Leben. Und wie im richtigen Leben wird natürlich alles, oder fast alles falsch gemacht.

Aktien sollte man eben nicht kaufen, wie man sich einen Partner oder eine Partnerin fürs Leben sucht. Denn dann geht es einem genauso, wie es in vielen Ehen läuft. Mit Begeisterung stürzt man sich in ein Abenteuer und stellt mit Ernüchterung fest, dass es nicht nur aufregende Stunden gibt, und am Ende steht dann die äußerst harte Trennung, die zudem noch mit schmerzhaften finanziellen Konsequenzen verbunden ist.

Verluste müssen gemacht werden

Aktientransaktionen sollten, anders als Liebesheiraten, ähnlich ablaufen, wie man das in früheren Zeiten mit den Vernunftehen gemacht hat. Ob nun erfolgreich oder desaströs, am Anfang sollte stets die Überlegung stehen: Wie groß ist die Wahrscheinlichkeit heil aus der Sache wieder herauszukommen. Kauft man eine Aktie, weil man die Firma toll findet, spielen solche Überlegungen keine Rolle. Aber gerade diese sollten Grundlage jeder „Ehe" mit einem bestimmten Börsenpapier sein.

Oft wird dabei sogar das Marktumfeld vergessen. Wenn alle Aktien gerade aufs Dach gesprungen sind, aber in zwei Wochen in den Keller fallen, wird unsere Aktie keinesfalls freiwillig in eine Rakete steigen.

Das ist genau das, was den verliebten Aktionär am Ende zum Strick greifen lässt.

Börsengeschäfte haben keineswegs etwas mit Vernunft zu tun. Das kommt schon daher, dass die Masse der Menschen, aus der schließlich die Teilmenge der Aktionäre resultiert, selten vernünftig handelt.

Seien sie sich stets darüber im Klaren: Zahlreiche Bücher über die Börse behaupten, der Handel sei zu verstehen, wenn man auf den Grundlagen der Chaostheorie aufbaue. Das dürfte eigentlich jedem vernünftigen Menschen klarmachen: Hier läuft nichts, aber auch gar nichts logisch ab.

Also weder blindes Hoffen noch streng logisches Denken helfen hier wirklich weiter.

Was am meisten zählt, so war jedenfalls meine Erfahrung, ist eben diese Erfahrung. An der Börse zählt nichts mehr als die Erfahrung, wie man sein schwer verdientes Geld beim letzten Mal losgeworden ist.

Verliebte haben zudem die Eigenart passiv, aber mehr oder weniger hoffnungsvoll zu warten. Höchstens mal sehnsüchtig zu schauen, was das Gegenüber so treibt. Ist da etwa Grund zur Eifersucht? Wann kommt der nächste Liebesbeweis?

Genau wie der Aktionär, der ganz von seiner Firma überzeugt ist. Er lebt ständig in banger Erwartung. Und meist dauert es bis zur nächsten bösen Überraschung nicht lange.

Ständig in Bewegung bleiben, also Aktion, Aktion, Aktion ist das Einzige, was man wirklich anraten kann. In der Liebe wie an der Börse.

Dem untreuen Partner sofort den Laufpass geben! Verluste möglichst rasch realisieren!

Gewinne, nun ja, die sind das eigentliche Problem. Das ist wie mit dem Partner, der auf den Antrag wartet.

Denn wenn man mit einem festen Prozentsatz Verlust verkauft, hat man einen verkraftbaren Verlust. Aber wann ist der Gewinn verkraftbar, sprich zu realisieren?

Genau genommen, überhaupt nicht.

Schon mal gehört? Man sollte die **Stop-Loss-Order** stets ordentlich nachziehen und demzufolge in den fallenden Kurs hinein verkaufen. So gesehen macht man auch in diesem Falle Verlust, denn dem Kurs nach, hatte man gestern noch weit mehr Vermögen.

Wenn man dieses Gesetz wirklich verinnerlicht hat – man mag es das Gesetz: „Verluste müssen gemacht werden!" nennen – dann hat man eine reelle Chance ...

Nun ja, genau betrachtet; eine reelle Chance, Verluste zu machen, aber auch an der Börse nicht bettelarm sondern nur arm zu werden.

Aber sind wir doch mal ehrlich: Eine Aktie, die man gekauft hat, weil man sich in sie verliebte, die wird man nicht verkaufen. Das ist genau wie mit einem Partner, den man einmal ehrlich liebte. Man wird sich noch auf dem Totenbett an ihn erinnern.

Auf die Börse übertragen möchte ich sie Stop-Loss-0 Aktien nennen.

Meist endet solch ein Liebesdrama mit dem Tod eines der Helden. Die glücklichere Variante ist wohl die mit dem Tod des Aktionärs. Hin und wieder macht es die Erben dann sprachlos, wenn sie feststellen, der arme Onkel, der immer nur überaltertes Brot beim Discounter erstand, ist kurz nach seinem Ableben tatsächlich steinreich geworden (Soll bei Nokia vorgekommen sein). Da ist die Freude natürlich groß, wenn man aus einer tragischen Liebesgeschichte als lachender Dritter hervorgehen kann.

Um wie viel schrecklicher ist es, wenn der menschliche Part der Beziehung mit ansehen muss, wie das Objekt seiner Verehrung langsam dahinsiecht und schlussendlich in einer Insolvenz das Zeitliche segnet.

Welch ein Liebesdrama!

Quellen:

Benoit B. Mandelbrot, Fraktale und Finanzen: Märkte zwischen Risiko, Rendite und Ruin, Piper, 2007

Parkettweisheiten:

*Der intelligente Mensch macht ein und denselben
Fehler nur einmal. Der Aktionär macht ihn so lange
bis er keinen Cent mehr hat.*

*

Die Börse lebt von Irrtümern

*

*Wer wenig Selbstvertrauen besitzt, ist anfällig
gegenüber fremden Meinungen und kurzfristigen
Kursbewegungen. Wer jedoch über zu viel
Selbstvertrauen verfügt, läuft Gefahr, seine
Meinung über den Markt zu stellen, eigene Fehler
nicht zu korrigieren, Verluste laufen zu lassen und
genau wie der Zaghafte letztendlich nach
möglichen Anfangserfolgen kläglich zu scheitern.*

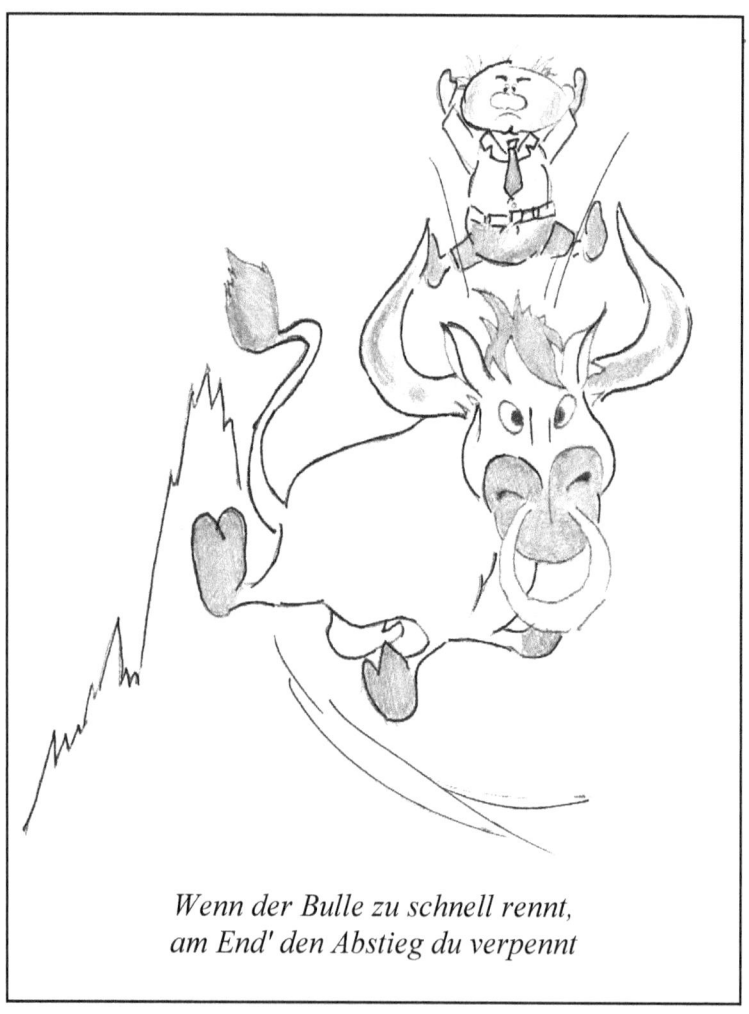

Wenn der Bulle zu schnell rennt,
am End' den Abstieg du verpennt

Mental war ich voll da!" sprach Boris

Sie glauben, die Psyche sei beim Geldverdienen an der Börse zweitrangig?

Ich habe andere Erfahrungen gemacht. Als geborener Verlierer habe ich meist verloren. Was auch sonst? Aus einem geborenen Verlierer wird niemand – auch nicht der allerbeste Coach – einen geborenen Gewinner machen können.

Die Menschen sind nun einmal unterschiedlich. Eine kleine Enkelin von mir, mit der ich einen Besuch bei einer prähistorischen Ausstellung machte, rannte auf die lebensgroße T-Rex Figur zu, die brüllend einem Triceratops ein medizinballgroßes Stück aus dem Nacken riss und fragte neugierig: „Hast du Hunger?"

Ihre jüngere Schwester bekam Jahre später im selben Alter einen Schreianfall, als sie im Frühjahr die erste Stubenfliege entdeckte und wollte in einer Anwandlung von frühkindlichem Selbstmordversuch aus dem Hochstuhl springen.

Also sagen sie nicht, die Menschen wären gleich!

Vielleicht werden beide ja, wenn sie erwachsen sind, einmal an der Börse investieren. Stellt sich die Frage, wer von beiden wohl erfolgreicher sein wird? Vielleicht werde ich alt genug, um es noch zu erleben und meine Schlüsse daraus zu ziehen.

Eigentlich haben beiden Typen, der T-Rex-Typ aber auch der Fliegen-Typ die gleiche Chance an der Börse nicht reich zu werden oder aber auch ein Vermögen zu machen. Es sei denn, sie finden die Aktien, die genau zu ihnen passen.

Das stelle ich mir etwa so vor: Der T-Rex Typ wird am meisten Verluste mit einer soliden dividendenstarken Standardaktie machen, einem Wert, der auf lange Sicht sicheren Ertrag bringt. Der volatile Pennystock wird ganz sicher den Fliegen-Typ in den Ruin treiben.

Jetzt heißt es natürlich für jeden Aktionär, wie viel Prozent von ihm ist T-Rex und wie viel muss er dem Fliegen-Typ schulden.

Wenn ich ganz ehrlich bin, glaubte ich manchmal absolut der T-Rex Typ zu sein, nämlich dann, wenn meine Aktien gerade mal wieder ein paar Prozentpunkte gut gemacht haben. Am nächsten Tag schrumpfte ich meist wieder zum Stubenfliegen-Typ zusammen.

Mit der mentalen Stärke ist das schließlich so eine Sache. Da gibt es nämlich noch das Unterbewusstsein, das uns ständig einflüstert „Du bist nicht so" oder „Das klappt niemals!" und „Lass die Finger weg, das ist nichts für dich."

Selbst wenn wir uns dann wie der T-Rex persönlich fühlen, unsere Misserfolge würden auch einen Fliegen-Typ vor Scham im Boden versinken lassen.

Aber nicht nur die mentale Prägung ist von Bedeutung, auch die Tagesform. Jeder Tennisfan weiß, wie schwer es ist einen Satz zu gewinnen, wenn man 2 zu 6 hinten liegt. Selbst wenn man noch einen Tie-Break schafft, hat man den Satz noch lange nicht in der Tasche.

Oft beobachtet man in solch einer Situation die enorme Kraft des Unterbewussten. So sehr der Spieler sich auch anstrengt, im entscheidenden Moment versagt er immer wieder. Es scheint, als wäre das Spiel verhext. Es spielt eben doch eine große Rolle, welcher Typ man ist und welche mentale Form man gerade hat.

Es gibt Trader, wenn die mit dem linken Bein zuerst aufstehen, bleiben sie gerade im Bett also dem Rechner fern und kaufen oder verkaufen an dem Tag keine einzige Option. Es mag sein, dass Trader sich mehr Feiertage leisten können als gewöhnliche Sterbliche. Für einen Aktionär, obwohl er viel langsamer handelt als Daytrader, kann es mehr als ruinös sein, sich so zu verhalten. Denn wenn er den einen entscheidenden Moment, die eine wichtige Meldung verpasst, dann hilft ihm später auch keine noch so gute mentale Verfassung mehr.

Jahrelang habe ich meine VW-Stämme treu und brav im Depot gepflegt und habe sie bereits jeden Tag im Handelsblatt gesucht, als es noch überhaupt kein Internet gab. In der Woche, in der sie auf knapp 1000 € stieg, war ich gerade im Urlaub auf einer Insel, auf der mir weder Handelsblatt noch Internet verraten konnten, was mit meinen Lieblingen los ist. Letztendlich musste ich einsehen, ein Kurs von knapp unter 400 € wäre noch ein gutes Geschäft gewesen, wenn mein Mut dazu gereicht hätte, sie zu verkaufen.

Die Finanzberater haben gut zu beraten. Wenn Festgeld und Sparbuch keine Zinsen mehr bringen, bleiben nur noch Sachwerte. Eine hohe Dividende ist schön und gut, wenn ich am Ende beim Veräußern der Aktie Verlust mache, war die Dividende auch nicht mehr wert als ein Null-Zins auf dem Sparbuch.

So wird der kleine Sparer regelrecht an die Börse getrieben, wie Schafe vom Schäferhund auf die Weide. Nur leider ist es am Ende nicht die Weide sondern der Schlachthof. Denn fehlt die Erfahrung und die innere Einstellung, werden die Kleinanleger ihr Kapital verlieren und die Institutionellen, ihre Kunden und Auftraggeber lachen sich ins Fäustchen.

Geldanlage, auch im normalen Rahmen, erfordert ein sorgfältig maximiertes Gewinnstreben. Träge, wie die meisten Menschen nun einmal sind, setzt ihre Tatkraft aus, sobald es sich minimal in ihrem Sinne entwickelt. Das heißt, sobald der Kurs steigt, glaubt der ewige Verlierer es sei genug getan und er müsse nun nur noch abwarten, um an die erste Million zu kommen.

Aber es gilt: Wenn ein Papier steigt, wird es höchste Zeit sich nach dem nächsten Erfolgskandidaten umzusehen, denn ein Verkauf steht an.

Handelt es sich um einen stabilen Aufwärtstrend, wartet man die Trendumkehr ab und steigt dann aus. Meist sind es jedoch nur temporäre Aufwärtsphasen, die man durchaus nach einer gewissen Gewinnerwartung verlassen sollte. Das ist noch wichtiger, wenn der Markt seitwärts tendiert und die Gewinne und auch die Verluste nur aus der volatilen Schwankung resultieren. Wenn man nicht einen Auf- und Abschwung nach dem Anderen durchwarten möchte, sollte man rasch reagieren und auch mal mit einem niedrigen Gewinn oder Verlust aussteigen.

Dem Zaghaften kann ich nur raten in diesen Phasen des Marktes flüssig zu bleiben und zu warten, bis sich ein echter Trend ausbildet.

Parkettweisheiten:

Mit Aktien kann man zwar theoretisch unbegrenzt gewinnen, zum Glück aber auch nur 100% verlieren.

*

Peter Lynch : „Nur weil eine Aktie gefallen ist, heißt das noch lange nicht, dass sie nicht noch weiter fallen kann."

*

George Soros: „Wer den Verlust fürchtet, kann keine Gewinne machen."

So mancher Traum verfliegt im Nu,
der Totengräber, der bist du

Verluste müssen gemacht werden

Die besten Kapitalvernichter

Manchmal möchte man meinen, gewisse Aktien warten nur darauf, dass man sich als unbedarfter Kleinaktionär nach monatelangen Analysen endlich dazu entschließt, sie in geringer Stückzahl zu kaufen, damit sie endlich richtig fallen können.

Bis auf amerikanische Ratingagenturen setzen sich nur wenige Einrichtungen gern mit den Firmen auseinander, die aus viel Geld wenig Geld machen. Man kann sie mit kaputten Wassereimern vergleichen, genau wie in dem bekannten Lied: „Ein Loch ist im Eimer, Karl Otto...“

Normal kann das nicht sein, wenn jemand, der eigentlich Geld verdienen sollte, Geld verliert.

Die Deutsche Schutzvereinigung für Wertpapierbesitz macht sich jedes Jahr einmal die Mühe und schaut sich den Kurszettel daraufhin an, wer die größten Veränderungen in negativer Richtung erzielen konnte.

Humorvoll nennt man die Liste „Performanceindex des Schreckens“.

In der Tat, der Aktionär, der in dem betreffenden Jahr die erwähnten Papiere in seinem Portefeuille hatte, braucht sich über sein Vermögen meist nicht mehr viel Sorgen zu machen. Er hat wahrscheinlich keines mehr.

Schade nur, dass die Kursstürze dann, wenn der Name in der Liste erscheint, meist bereits hinter dem Unternehmen liegen. Meist ist der Kurs bereits dermaßen geschädigt, dass es oft nur noch für eine Insolvenz reicht. Vor allem, wenn der Kurs auf Grund der Erwähnung in der Performanceliste des Schreckens weiter fallen sollte. Was nicht heißt, dass es für diese Papiere nur noch abwärts gehen muss.

Wie viel Mut gehört dazu, die erste Aktie in der Liste der größten Verlierer zu kaufen?

Tatsache ist, die höchsten Gewinne können fast nur mit Aktien gemacht werden, die einen günstigen Kurs haben. Nach Adam Riese stehen gefallene Kurse oft tief. Sagen wir mal mit Ausnahme von Lindt Schokolade (63.882,40 EUR) oder Warren Buffetts Berkshire Hathaway (186.634,901 EUR). Wobei auch hier gilt, die Börse ist keine

Einbahnstraße. Selbst die Kurse solcher Aktienstars können in die entgegengesetzte Richtung ausschlagen. Es ist oft nur eine Frage der Marktlage.

Berkshire Hathaway   © *comdirect.de*

Betrachtet man den Kurs von Buffets Aktie von 2008 bis Mitte 2009, konnte man eher glauben, dass der Kurs in Richtung 60.000 tendiere. Aber Tatsache ist, dass er 2015 die 200.000 überspringen sollte. Das ist umso unglaublicher, als das Papier 2008 fast 30% an Kurs einbüßte.

Verluste müssen gemacht werden

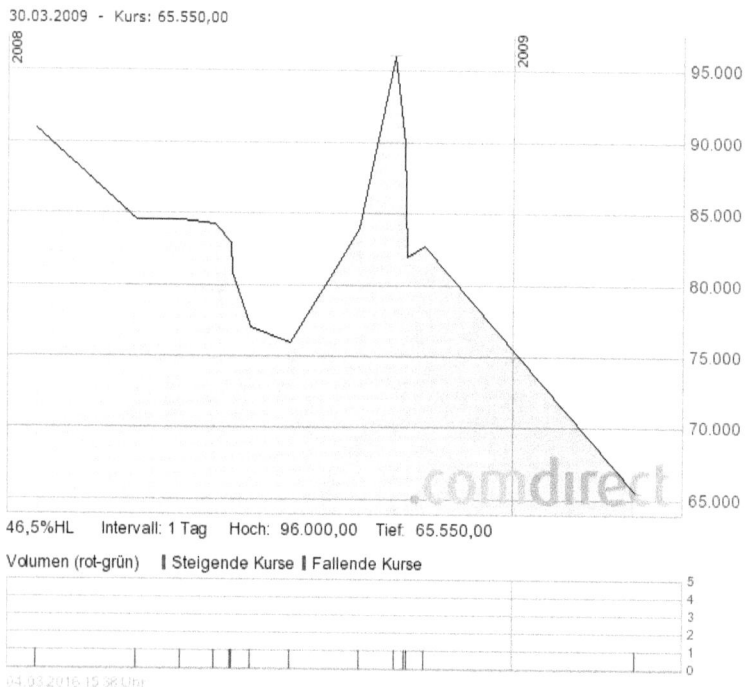

30.03.2009 - Kurs: 65.550,00

46,5%HL   Intervall: 1 Tag   Hoch: 96.000,00   Tief: 65.550,00

Volumen (rot-grün) ‖ Steigende Kurse ‖ Fallende Kurse

Berkshire Hathaway ab 2008 bis 2009
© comdirect.de

Natürlich wird jeder sagen, dass das allein am hervorragenden Management des Finanzgenies Warren Buffett liege. Betrachtet man den Verlauf des Dow Jones im gleichen Zeitraum, wird man freilich feststellen, dass dem wohl nicht so ist. Der Markt lief gut, also auch die Aktie von Buffett. Gewiss werden nun besonders Gewitzte meinen, die Aktie von Buffett beeinflusse natürlich auch die wichtigen Indizes.

Nur meines Wissens ist die Aktie gerade nicht im Dow Jones Industrial Index.

Es bleibt eine Tatsache, dass die Börse eine Art Kapitalvermittlungsanstalt ist. Es geht vorrangig darum, eine Art zinslosen Kredit zu vergeben. Nach dem Motto: Gib mir dein Geld und du bist Miteigentümer.

Das klingt etwas unbedarft. Denn offensichtlich verkauft ja jemand, der einen Firmenanteil besitzt, aber nichts direkt mit der Firma zu tun hat, den Anteil an jemand anderen, der ebenfalls keinen direkten Bezug zum Unternehmen hat.

Am Beginn des Lebens einer Aktie jedoch stand das Going Public als der Börsengang und damit der Zufluss von Kapital von den Kapitalgebern, den Erstkäufen bei der Aktienausgabe. Der danach folgende Handel verläuft fast nur noch zwischen Firmenfremden und nicht direkt zum Nutzen des Unternehmens. Bei steigenden Kursen jedoch erhöht sich dessen imaginärer Wert und eröffnet die Möglichkeit von Kapitalerhöhungen zu höheren Preisen der Anteilsscheine. Der kann durchaus erheblich höher sein als zum Termin des Börsengangs. Betrachtet man es so, geht es an der Börse durchaus um Kapitalbeschaffung für Unternehmen.

Aus der Sicht der Anteilseigner ist die Leistung des Unternehmens ausschlaggebend für den Wert seiner Investition. Gelingt es dem Unternehmen, Umsatz und Erträge zu steigern, erhöht sich auch der Wert seiner Investition.

Verluste müssen gemacht werden

Ein neues Unternehmen jedoch, das sich über die Börse finanziert hat, benötigt das Geld des Aktionärs zunächst einmal für die Aufrechterhaltung der Geschäftstätigkeit. Was im Klartext heißt, die Zahlung der Gehälter, eventuell den Kauf der Rohstoffe und der Betriebsmittel. So gesehen ist das Geld des Investors erst einmal weg. Der Investmentberater spricht davon, dass die Firma Geld 'verbrennt'. Bei neuen Unternehmen kann es durchaus ein, zwei Jahre dauern, bis der Break Even erreicht ist. Darunter versteht man die Gewinnschwelle, wenn Aufwand und Ertrag beginnen sich zu decken. Solange ist das Unternehmen nämlich auf das Geld des Aktionärs angewiesen. Während er an der Börse seine Anteilscheine veräußern oder zukaufen kann, muss sie erst einmal von dem Geld des Börsengangs leben. Ist das Geld aufgebraucht, hilft nur eine Kapitalerhöhung. Diese hängt wiederum

Down Jones von 2002 bis heute © *comdirect.de*

26

vom Wohlwollen der Altaktionäre und dem Börsenkurs ab. Hat man schlecht gewirtschaftet und das ist hier offenbar der Fall, wird es nicht gelingen die neuen Anteilscheine, die man herausgeben will, zu einem angemessenen Preis an den Markt zu bringen. Sich über die Börse zu finanzieren ist in diesem Fall keine gute Idee gewesen. Denn die Börse ist ein dynamisches Finanzsystem und beobachtet haargenau, was ein Unternehmen tut. Die Börse verstärkt positive wie negative Entwicklungen. Ein Effekt, den man mit einem einfachen Bankdarlehn nicht hat. Wie bereits erwähnt ist da jetzt auch noch der Markt. Er beeinflusst nun die Geschichte des Unternehmens unabhängig vom internen Geschäftstreiben zusätzlich von außerhalb.

Es bleibt also dabei, bewegt sich der Markt, bewegt sich die Aktie. Das ist keine Kopplung über die Indizes sondern einfach nur Herdentrieb.

Steigen Aktien, ziehen andere nach, weil jeder glaubt, es geht aufwärts und er wäre nicht dabei. Das Umgekehrte gilt natürlich auch.

Es entstehen sogenannte selbsterfüllende Prophezeiungen.

Ein Börsengang will also reiflich überlegt sein. Der Aktionär kann nicht davon ausgehen, dass ein Unternehmen diesen Prozess im Sinne verantwortlichen Handelns durchdacht hat. Früher war es die Aussicht auf billiges Geld, die Unternehmen an die Börse trieb. Heute, in Zeiten der Niedrigzinsen, ist das weniger ausschlaggebend. Teilweise scheint es gar eine Modeerscheinung, an die Börse zu gehen. Manche hoffen auf die Erhöhung des Bekanntheitsgrades. Das ist oft bei Unternehmen der Fall, die selbst irgendwie an der Börse agieren, bei Holdings, Börsenberatern oder Finanzinstituten.

Etliche haben jedoch Finanzierungsprobleme ernsterer Art und klammern sich an die Börse als ihren letzten Rettungsanker.

Das ist nicht unbedingt das, was der herkömmliche Aktionär sich erhofft. Aber leider ist es die Realität an der Börse, wie uns das nächste Kapitel zeigen wird.

Parkettweisheit:

Was hilft eine 3000% Gewinnchance, wenn man bereits 100% verloren hat?

*

Abraham a Santa Clara: „Sitzt die Maus am Speck, so piepst sie nicht."

*

Tobias Levkovich : „Bullenmärkte lassen jedermann clever aussehen, selbst den dümmsten Anleger."

*

Uwe Distel : „Die Börse ist der härteste und auch der schnellste Richter über die Qualität eines Unternehmens."

Der Draghi gibt dem Gold Gewicht,
das Sparbuch sieht er dabei nicht

Verluste müssen gemacht werden

Hilfe, mir geht das Geld aus!

„24.03.2016, Martin Hock, Frankfurter Allgemeine - Finanzen

Steilmann Pleite im Rekordtempo

Keine fünf Monate dauerte es vom Börsengang des Textilhändlers Steilmann bis zur Insolvenz. Was ist da passiert?

Nur 141 Tage sind vergangen, seit der Modehändler Steilmann das Börsenparkett betreten hat. Nun hat er Insolvenz angemeldet. Kostete die Aktie im November noch 3,50 Euro, lag sie am Mittwochabend noch bei 2,37 Euro – und fiel am Donnerstag um 89 Prozent auf 26 Cent.

Wie kann das so schnell passieren? Und wo ist das Geld aus dem Börsengang hin? Die Antwort ist: Steilmann hatte gar nicht viel Geld eingenommen. Denn der Gang auf das Parkett war eine Katastrophe. Der Textilhändler hatte zunächst 17 Millionen neue Aktien zu 3,50 bis 5 Euro angeboten, am Ende aber nur 2,25 Millionen Aktien zu 3,50 Euro verkauft.

Das heißt: statt geplanter 72,3 Millionen Euro bekam Steilmann im Börsengang gerade einmal 7,9 Millionen Euro. Davon gingen auch noch knapp 4 Millionen Euro an die Banken – also blieb nur ungefähr die Hälfte in den Kassen von Steilmann. Bei einem Umsatz von 637 Millionen Euro in den ersten neuen Monaten und einem Kassenbestand von seinerzeit 56,5 Millionen Euro war der Börsengang daher vernachlässigbar.

Denn: Für die Aktien von Steilmann interessierten sich schon damals kaum Investoren. Das ist nicht nur dem schwierigen Geschäft mit Neuemissionen geschuldet. Vielmehr scheint es, zumindest rückblickend betrachtet, bei Steilman immer größere Finanzierungsschwierigkeiten gegeben zu haben, bis zuletzt die Finanzierungsmöglichkeiten ausgingen. Das könnte vielen potenziellen Aktionären aufgefallen sein. So heißt es in der knappen Mitteilung zum Insolvenzantrag: „Zwischenzeitlich geführte und bislang Erfolg versprechende Sanierungsverhandlungen haben nicht zum Ziel geführt.“

So hatte Steilmann 2012 mit seinem ersten, öffentlichen Anleiheangebot statt wie geplant 30 Millionen Euro nur 23 Millionen Euro eingenommen. Im März 2013 hieß es, das Unternehmen wolle die Anleihe um 15 Millionen aufstocken. Das wurde dementiert, dann aber im Juni die Anleihe dann doch um 5 Millionen Euro aufgestockt. 2014 wurde eine privat platzierte Anleihe im Volumen von 33 Millionen Euro erfolgreich begeben. Allerdings hatte diese nur eine vierjährige Laufzeit und wurde mit 7 Prozent dennoch höher verzinst als das 2012 begebene Papier. Im März 2015 folge eine dritte Anleihe mit einem Kupon von 7 Prozent, aber nur noch zwei Jahren Laufzeit. Dennoch konnte Steilmann nur 10 Millionen Euro absetzen.

Rückspiegel: Viele Indizien für Liquiditätsprobleme

Insgesamt verschlechterten sich die Finanzierungskonditionen drastisch: Wurde die erste Anleihe noch mit 5,1 Prozentpunkten über dem Bankenreferenzzins vergütet, waren es bei der zweiten schon 6,6 Prozentpunkte und bei der dritten 6,9 Prozentpunkte – und dennoch waren nur 10 Millionen abgesetzt worden. Im August 2015 folgte eine weitere Aufstockung der ersten Anleihe – mit einem Aufschlag von 6,7 Prozentpunkten für nicht ganz zwei Jahre. Acht Monate dann der völlig fehlgeschlagene Börsengang.

Auch die Geschwindigkeit der Geldbeschaffung lässt sich rückblickend als Indiz für mögliche Liquiditätsengpässe verstehen. Vergingen von der ersten Anleihebegebung bis zur ersten Aufstockung noch 12 Monate, so zapfte Steilmann im vergangenen Jahr den Kapitalmarkt dreimal innerhalb von sieben Monaten an."

Verluste müssen gemacht werden

Soweit der Artikel aus dem Finanzteil der Frankfurter Allgemeinen. Der folgende Chart zeigt den dazugehörenden Kursverlauf.

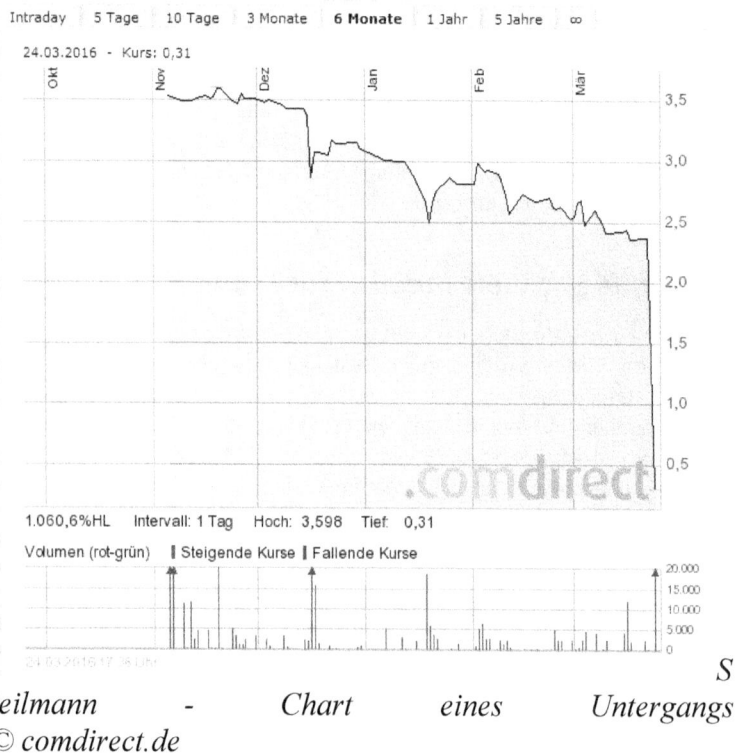

S teilmann - Chart eines Untergangs © comdirect.de

Die ganze Geschichte belegt den Misserfolg verstärkenden Effekt der Börse. Konnte man sich mittels Anleihen eine Weile über Wasser halten, so ging das an der Börse nicht mehr. Von Anfang an lief der Kurs bergab, bis zur Insolvenz hatte der Kurs daher fast 30% eingebüßt, bevor er dann durch die Insolvenz in sich zusammenfiel.

Was tut man, wenn einem das Geld ausgeht?

Natürlich, man geht an die Börse! Halt, sollte es nicht eher umgekehrt sein? Wenn man nach langem Kampf aus dem Familienunternehmen endlich einen erfolgreichen Konzern geschmiedet hat, geht man an die Börse, um die Allgemeinheit am Erfolg teilhaben zu lassen. Das ist genau das, was der unbedarfte Bürger oder hoffnungsvolle Neuaktionär über die Börse denken soll.

In Wirklichkeit ist es genau umgekehrt. Hat man die Nase voll und will statt leerer Auftragsbücher endlich mal Kohle sehen, verkauft man sein Unternehmen mittels eines Börsengangs an die allgemein recht zahlreichen Dummköpfe dieser Welt.

Natürlich darf man dabei nicht vergessen, dass man als ehemaliger einziger Besitzer des Unternehmens verpflichtet ist, auch alle Aktien des Unternehmens zu halten. Oder wenigstens den größten Teil, die Stimmenmehrheit also. Sobald sich die Ruhe an der Börse ob des Neuankömmlings gelegt hat, verkauft man seine Aktien am besten an einen Großinvestor und zwar auf einen Rutsch, in einem Paket, wie man sagt. Denn nur so kommt man ohne Kursverluste an sein Geld. Die ganze Prozedur ist eine ziemlich sichere Methode viele Aktionäre um ihr Geld zu bringen. Denn früher oder später wird dieses Unternehmen pleitegehen. Es war ja auch im eigentlichen Sinne kein Börsengang, sondern ein Unternehmensverkauf, ein raffinierter Unternehmensgründer hat seine Firma an so viele dumme Möchtegernunternehmer, sprich Aktionäre, verkauft wie möglich. Denn ein anderer Unternehmer gleichen Schlages, hätte ihm für diese marode Firma niemals auch nur einen Cent gezahlt.

Startups, wie man Börsengänge neudeutsch nennt, finden ja nicht statt, weil ein Unternehmen zu viel Geld verdient, sondern weil ihm Geld fehlt. Natürlich ist es möglich, dass ein Unternehmen trotz der finanziellen Probleme ein erfolgreiches Konzept umsetzt oder sogar Marktführer wird. Fest steht zunächst jedoch nur eines, es benötigt Geld, das es aus eigener Kraft nicht aufbringen kann. Wenn man beim heutigen Zinssatz sein Darlehn nicht bei einer Bank aufnimmt, sondern an die Börse will, sollten beim Anleger schon mal alle Alarmglocken klingeln und nicht nur die im Börsensaal.

Im Grunde also nicht gerade das Unternehmen, dem sie gern ihr Geld anvertrauen würden, also genau das, was wir in diesem Buch suchen wollen, die Chance an der Börse ein Vermögen zu verheizen.

Sie werden vielleicht sagen: „Aber wenn alle Börsenunternehmen nur an der Börse sind, um an fremdes Geld zu kommen, dann sind ja all die Unternehmen ständig in Geldnot und alle DAX-Unternehmen mehr oder weniger marode."

Dann muss ich sagen: „Alle Achtung! Sie sind eine richtige Leuchte."

Genau das ist es nämlich.

Es gibt natürlich auch andere Firmen, aber die sind nicht an der Börse:

Beispiel Robert Bosch GmbH, weltweit 375.000 Mitarbeiter, 2015 ein Umsatz von 70,6 Mrd. Euro. 2009 gab es erstmalig einen Nettoverlust und zwar 1,2 Mrd. Was man durchaus noch positiv sehen darf, denn das Unternehmen wurde 1886 gegründet.

Als Nächstes mag Liebherr herhalten. Sie haben den Schriftzug mit Sicherheit schon mehr als einmal gesehen. Auch die gelbe Farbe kennen sie. Es ist ein Familienunternehmen, auch wenn es eine Dachgesellschaft namens Liebherr-International AG gibt. Man hat 40.839 Mitarbeiter und machte 2014 8,8 Mrd. Umsatz. Von Kühlschränken über Werkzeugmaschinen, Baufahrzeugen wie Bagger und Kräne bis zum größten Muldenkipper der Welt hat man fast alles im Programm.

Es gibt weitere zahlreiche kleine und mittlere Unternehmen, die genug verdienen, um kein Geld an der Börse oder bei Banken zu suchen. Es sind eben nicht die Unternehmen wie die Deutsche Bank oder Siemens.

Die Börse als Spielbank der Nation selbst trägt ihren Titel als größte Geldverbrennungsanstalt in jedem Fall zu Recht.

Es gibt noch einen weiteren Punkt, der mit Startup-Unternehmen zusammenhängt. Wenn eine Firma an die Börse geht, so wird ihr Wert durch die Menge der herausgegebenen Aktien und deren Kurs bestimmt. Die oder der vormalige Besitzer weiß nun sozusagen genau, was sein Lebenswerk oder sein ererbtes Imperium wert ist, und das sekündlich, während des aktiven Börsenhandels. Das ist nicht unbedingt positiv. Denn der Kurs einer Aktie hängt eben nicht nur von der Attraktivität eines Unternehmens ab. Da gibt es außerdem noch den Markt, wie wir wissen. Und der Markt läuft nun einmal nicht wie die Firma 'Innovation

& Co AG' sondern nach eigenen Gesetzen. Das hat zwei Auswirkungen. Zum einen ist der Erfolg eines Unternehmens nicht mehr nur von dem Unternehmen selbst abhängig zum anderen bekommen eine Menge Einsicht in und Einfluß auf das Unternehmen. Theoretisch könnte die beste Firma der Welt wertlos werden, wenn der Markt z. B. aufgrund einer Regierungskrise total zusammenbrechen würde. Natürlich ist auch das Umgekehrte denkbar, eine im Grunde insolvente Firma könnte in pures Gold gemünzt werden, wenn die Weltfinanz zu der Erkenntnis käme, dass es in diesem Land nur noch Aufschwung gibt.

Der Wert von Startup-Unternehmen ist wohl längere Zeit lang schlecht zu beurteilen. Es gibt keinen Kurverlauf vom Vorjahr, wie bei anderen AGs. Man spekuliert sozusagen ins Blaue hinein.

Der vorsichtige Anleger wartet auf eine Schwächephase, egal ob im Markt oder in der Firmengeschichte. Dann weiß er ziemlich genau, die gesehenen Höchstkurse werden irgendwann einmal wiederkommen, falls nicht der finanzielle Supergau eintritt. Also vorausgesetzt die Firma hat eine solide Basis, eine sichere Geschäftsgrundlage und saubere Finanzen.

Als T-Rex-Typ werden wir natürlich in erster Linie in Startups investieren. Was interessieren uns fehlende alte Kursverläufe, schon einmal gesehene Kurshöhen?

Wir spekulieren ins Blaue hinein.

Uns steht der Weg in himmlische Sphären offen!

Oder in höllische Abgründe ...

Parkettweisheiten:

Warren Buffett : „Heute sitze ich hier im Schatten, weil jemand vor langer Zeit hier einen Baum angepflanzt hat. Also ist Zeit der wichtigste Dünger, auch für Aktien."

*

Marcel Reich-Ranicki : „Geld macht sicher nicht glücklich, aber wenn ich traurig bin, weine ich lieber im Taxi als in der S-Bahn."
P. J. Wolmeringer „Noch lieber würde ich in meinem Privatjet weinen mit einem Glas Champagner in der Hand."

*

Ihr Geld ist nicht verloren, so wie der letzte Schnee im Sommer – es ist noch da, es hat jetzt nur einen klügeren Besitzer.

Der Bär, ist er erst losgelassen,
ist wirklich kaum noch mal zu fassen

Die Börse, ein Schneeball mit System?

Ist es nicht so; meist schmelzen einem die Gewinne an der Börse dahin wie Schnee im Frühjahr? Aber nicht nur deshalb denke ich an Schneebälle, wenn ich über die Börse nachdenke.

Zurück zu den ernsten Themen:

Im vorigen Kapitel ging es um die Firmen und ihre Finanzierung über die Börse. Wie aber sieht es aus Sicht der Aktionäre und Spekulanten aus, die sich im Grunde nur noch für das Auf und Ab der Kurse interessieren und kaum noch für das Unternehmen, das dahintersteht?

„Du zahlst mir 500 Euro für die Schulung in meinem genialen System, dafür bekommst du von jedem, den du schulst, auch 500, von denen du mir jeweils 100 abgibst." erklärte der Finanzfachmann. Von jedem Schüler der neuen Schüler sollte man dann noch 50 Euro kassieren und immer so weiter bis in die vierte Reihe.

Ein Schelm, der denkt dabei nicht reich zu werden.

Kaum befolgt, stellte sich jedoch heraus, dass die Milchmädchenrechnung nicht aufging. Es fanden sich nämlich viel zu wenige, die mitmachen wollten und wirklich verdient hatte am Ende nur einer, nämlich der ganz am Anfang, der sich das perfide System hatte einfallen lassen.

Bei so etwas steht zweifellos von vornherein fest: Es wird viele Verlierer geben.

Was sollte also die Börse mit solch einem System zu tun haben?

Eben genau das: Es wird auch dort immer viele Verlierer geben und nur ganz wenige Gewinner.

Es läuft nach dem eisernen Gesetz: Nur, wenn viele Dumme ihr ganzes Geld verspielen, kann der eine Schlaue reichlich Gewinn machen.

Denn gerade das ist ja das Reizvolle an der Börse.

Oder haben Sie schon einmal darüber nachgedacht, wo das Geld herkäme, wenn Ihre Aktie um 800% steigt? Welcher Aktionär wünscht sich keine Aktie mit solch einem Kurspotenzial? Irgendwo muss das Geld aber herkommen, es fällt ja nicht vom Himmel. Also eben von dem Dummen, der Ihnen die Aktien zu diesem stolzen Preis abkaufen wird.

Natürlich denkt jeder, er sei der eine Schlaue. Leider ist dem aber nicht so. Viele der Aktionäre, die sich an der Börse tummeln, haben weit mehr Erfahrung als man selbst. Vielleicht haben sie auch eine bessere EDV-

Ausstattung, einen besseren Vermögensberater, einen schnelleren Broker und vor allem aber mehr Zeit.

Es ist kein gutes Gefühl, wenn man sich eingestehen muss, dass die Anderen weit besser sind als man selbst.

Der größte Fehler, den der Anleger macht, ist demnach der, nicht ehrlich zu sich selbst zu sein.

Ich habe mir zwar vorgenommen Ihnen zu zeigen, wie man am schnellsten Geld an der Börse verliert. Aber gemeint ist damit die Einstellung, dass man fest mit Verlusten rechnen sollte. Die wahre Kunst an der Börse ist die, sie möglichst gering zu halten. Der normale Anleger dagegen will möglichst schnell, möglichst viel Geld verdienen.

Sobald er das erste Papier geordert hat, ist freilich Schluss mit dem Aktionismus.

Warum beispielsweise hat er gerade 10 Stück Linde erstanden?

Schon hat er seine Seele verkauft, ohne einen Moment darüber nachgedacht zu haben. Die nächsten Wochen, Monate vielleicht sogar Jahre wird er jeden Tag darauf hoffen, dass der Kurs höher steht als den Tag zuvor.

Steht er mal höher erwartet er am nächsten Tag wenigsten einen gleich hohen Zugewinn. Ist es aber einmal weniger, hat er eine unruhige Nacht. Und wenn der Kurs unter den Kaufkurs gefallen ist, heißt es: „Sie wird wieder steigen!" Dabei sollte sie längst und das heißt wirklich längst, schon verkauft sein.

War es nicht so?

Es ging doch einmal darum, **schnell** Geld zu verdienen. Warum hat er dann Linde gekauft, statt 10 Stück dieser unbekannten Aktie, die am nächsten Tag um 37% gestiegen war?

Ganz einfach, weil er von vornherein Linde wollte, weil sie Linde heißt. Die unbekannte Firma, deren Papiere gerade stiegen, lag ihm nicht am Herzen. Es ging also gar nicht um Geld sondern um eine deutsche Firma namens Linde.Aber genau das ist das todsicherste Verfahren um sein Geld los zu werden.

Verkauft wird meist erst dann, wenn man zur Überzeugung gelangt ist, dass dieses Papier nie mehr zu dem Kurs steigt, bei dem man damals eingestiegen ist. Also nix wie raus! Aber das ist längst zu spät, viel zu spät.

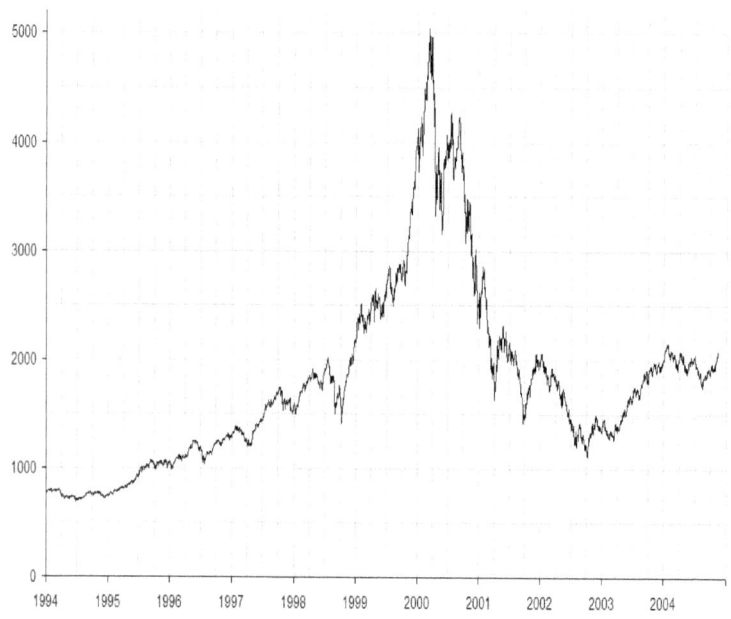

Dotcom-Blase an der NASDAC
© wikipedia

Geht man ein paar Mal eine solche Beziehung mit einer 'geliebten' Firma und ihren Zertifikaten ein, hat man schnell sein Vermögen auf einen Betrag reduziert, mit dem es nicht einmal mehr möglich ist, Pennystocks zu kaufen. Seien wir doch einmal ehrlich, die Börse hat in Deutschland keinen guten Ruf. Weil das Sparbuch keinen Zins mehr abwirft, ist der Handel an der Börse nicht einfacher, nicht lukrativer, aber vor allem nicht seriöser geworden, oder?

Im Gegenteil, weil mehr Geld aus privaten Taschen nach Profit sucht, drängt es an die Börse. Im gleichen Umfang nimmt die Zahl der Startups zu. Niemand sollte glauben, dies sei ein Zufall. Ebenso wie die Werbung für Aktien und von Aktienfirmen. Ganz besonders mit neuen Schweizer AGs kann man da schlechte Erfahrungen sammeln.

Mit Sicherheit sind nämlich nicht alle Börsengänge zu 100% seriös, falls man alt genug ist, fühlt man sich an die Zeiten des neuen Marktes (1997-2003) und die Dotcom-Blase (März 2000 – siehe folgenden Chart) erinnert. Milliarden wurden im guten Glauben in Startups der Computer- und Internettechnik gesteckt. Der Erfolg war durchschlagend ...

Wie so oft wanderte das Geld aus den Taschen unbedarfter Neubörsianer in die Taschen windiger Geschäftsleute.

In Zeiten der lockeren Geldpolitik eines Herr Draghi dürfte es nicht viel anders sein, auch wenn man es jetzt noch nicht so wahrnimmt oder auch nicht wahrhaben möchte.

Falls man nicht die gleichen Fehler machen will wie ich, sollte man vorsichtig sein und diese Warnungen beherzigen.

Leider ist es so, dass man in Zeiten eines sinkenden Gesamtmarktes kaum eine Chance hat, ohne Verlust in einer Aktie investiert zu sein. Das ist der Unterschied zu Optionen, mit der Möglichkeit short zu wetten, den Anleihen oder den Zinsen, wofür auch immer sie gezahlt werden. Hatte man eine gute Hausbank oder einen soliden Emittenten, konnte man kaum Verlust damit machen, egal wie schlecht die Zeiten waren.

Steigt man jedoch bei einem hausierenden Markt in ein Aktienpapier ein, hat man dagegen kaum eine Chance bei fallendem Markt mittelfristig ohne Verlust wieder aus der Investition heraus zu kommen.

Dieser Effekt ist auch genau das, was dem Unbedarften den Aktienhandel so unseriös erscheinen lässt.

Für dieses Dilemma gibt es eigentlich nur zwei Lösungen.

1. Verlust machen
2. Nur gegen Ende einer Baisse Aktien kaufen

Parkettweisheiten:

*Jean Paul Getty : „Ich kaufe, wenn Alle verkaufen.
So einfach ist das.“*

*

*Bei Pessimismus kaufen. Pessimismus ist die
häufigste Ursache für niedrige Börsenkurse.*

*

*Stanislaw Jezy Lec : „Zu den Quellen gelangt man
gegen den Strom.“*

*

*Chinesisches Sprichwort : „Zu wissen, wie man es
macht, ist nicht schwer. Schwer ist nur, es zu
machen.“*

*

*Georg von Siemens : „Die Börse ist ein Markt für
Illusionen, die Geld bringen sollen.“*

Ein Schwergewicht, ist das zu fassen,
soll man auch mal sinken lassen

Wie war das doch gleich mit Microsoft?

So kurz ->| stand ich davor Millionär zu werden. Oder anders gesagt, hätte ich damals 2200 $ investiert und weiter nichts getan, hätte ich jetzt über eine Million. Doch das Buch soll ja nicht heißen 'Tränen für verpasste Chancen'. Es soll zeigen, wie man durch Unwissenheit und Leichtsinn sein Geld an der Börse los wird. Das wäre in dem Fall, von dem ich jetzt erzählen will böse danebengegangen.

Dieser Dialog, vor etwa 40 Jahren gehalten, spricht für sich:

„Können Sie mir einen Kurs zu einer Aktie sagen?"

„Dazu müsste ich schon wissen zu welcher!"

„Es ist eine ganz junge Firma, die noch nicht am offiziellen Markt ist."

„Also in Frankfurt im Freiverkehr."

„Nein, es handelt sich um eine amerikanische Aktie!"

„Soso, um eine amerikanische Aktie. Da kann ich Ihnen natürlich nicht garantieren, dass ich einen Kurs dazu habe. Wie heißt sie denn?"

„Microsoft"

Eine kurze Pause entsteht.

„Maik... Mikr.... Mikro...Microso...Microsoft. Hier ist sie. Sie steht auf 20 $."

„20 Dollar?"

„Sie müssen natürlich auch den Umtausch in Dollar, der aktuell relativ hoch steht, berücksichtigen."

„Wie stand sie gestern?"

„Microsoft, Microsoft 20 Dollar 80 Cent. Und DIE Aktie wollen sie jetzt kaufen?"

Eine längere Pause entstand.

Dann erklang mein gehemmtes: „Nein!"

Was lernt man daraus? Geld an der Börse zu verlieren ist Allgemeingut, Geld zu gewinnen ist Glück. Denn es gehört nicht nur dazu im richtigen Moment ja zu sagen, sondern außerdem noch ein ganz, ganz dickes Fell und viel Geduld zu haben, etwa so viel wie man braucht um im Lotto einen Sechser zu treffen. Und das ist selten, glauben sie mir! Außerdem ist Lottospiel nicht so nervenaufreibend.

Das Ganze nennt man dann Selbstdisziplin. Aber das ist so ziemlich das Schwerste, was ein Mensch auf die Beine stellen kann. Vielleicht sollte man ausgiebig Yoga machen, oder sich wenigstens mit Zen-Buddhismus befassen, bevor man sich entschließt, ein Wertpapier zu kaufen.

Ich habe da keine Erfahrung bisher, vielleicht mit ein Grund für meine konsequenten Verluste an der Börse.

Microsoft? Das war einmal, könnte man meinen. Ist das nicht die Firma, die eine Spielekonsole namens X-Box anbietet und LinkedIn kaufte?

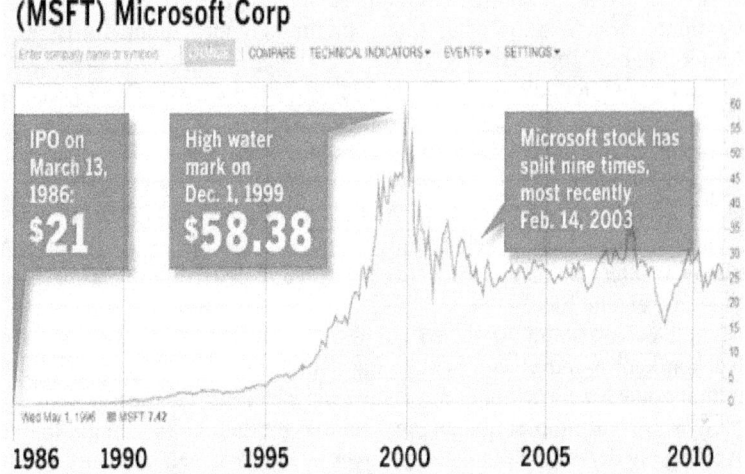

Der Langzeitschart von Microsoft
© networkwold.com

Windows, inzwischen in der Version 10 im Gebrauch, ist nach wie vor ein großes Geschäft. Ein Geschäft, das man noch ausweiten möchte. Der Nutzer soll es nicht mehr nur kaufen, sondern abonnieren. Windows wird zu „Windows as a Service". Man hat bereits gute Erfahrungen in die Richtung mit dem Office Paket gemacht. Bleibt freilich die Frage ob Microsoft je wieder das Potenzial entwickelt, das vorhanden war, als ein gewisser Bill Gates noch die Geschicke bestimmte und die Firma als Firmensitz noch eine Garage hatte.

Verluste müssen gemacht werden

Denn es bleibt die Tatsache: Windows ist inzwischen ein alter Hut. Außerdem ist es unterdessen schon gewiss 100 Mal totgesagt worden. Dass es trotz Android, Linux und Konsorten noch nicht verendet ist, zeigt das Potenzial, das in der damaligen Idee von Xerox steckte. Dazu im nächsten Kapitel mehr.

Betrachtet man dagegen Firmen wie Google oder Samsung, selbst Apple, muss man unumwunden zugeben, dass Microsoft irgendwie die Zeit verschlafen hat.

Rechner, entweder auf dem Tisch oder als Notebook sind längst nicht mehr das große Geschäft. Mobilität ist angesagt, trotz entsprechender Versionen von Windows hat Microsoft immer noch nicht die richtige Antwort darauf gefunden.

Bleibt abzuwarten, ob dieser Firma noch einmal der große Wurf gelingt.

Teilweise ist es das gleiche Problem wie bei Apple. Solange der Firmengründer Steve Jobs lebte, gab es jemanden, dessen Idee nicht nur bestaunt, sondern auch realisiert wurden.

Denn gute Ideen gibt es überall reichlich. In einer Firma mit internen Vetternwirtschaften, Machtkämpfen und alltäglichen Streitereien hat niemand Interesse daran, dass eine gute Idee realisiert wird. Es sei denn, es ist die eigene Idee.

Nicht umsonst stand Apple so gut wie vor dem Aus, als Jobs ihr den Rücken kehrte und eigene Wege ging. Kurz vor dem völligen Aus holte man ihn wieder zurück und von da an ging es wieder aufwärts.

Nun ist er für immer gegangen. Seither hat schon mancher Analyst Apples Niedergang vorausgesagt. Apple hat sich seit Jobs Rückkehr jedoch gewandelt. Aus einer Innovationsschmiede ist längst ein Lizenzverwalter geworden. Mit Musik-Streamingangeboten will Apple das große Geld machen. Für neue Produkte sorgen dann Sänger und Musiker, Apple verdient an der Auslieferung.

So hofft man wohl, auf einen klugen Kopf wie Steve Jobs für immer verzichten zu können.

Quelle:
http://www.networkworld.com/article/2228727/data-center/if-you-had-bought-100-shares-of-microsoft-25-years-ago----.html

Parkettweisheiten:

Ein Spekulant ist ein Mann, der ohne einen Pfennig Geld in der Tasche Austern bestellt, in der Hoffnung, mit einer darin gefundenen Perle die Rechnung bezahlen zu können.

*

Ein starker Trend nach oben oder nach unten kommt nur dann in Gang, wenn alle Anleger falsch positioniert sind. Beim Börsenboom ist die Masse drin, beim Crash ist die Masse draußen.

*

John Maynard Keynes : „Langfristig gesehen sind wir alle tot."

Wenn ein Bär den Kurs verprellt,
der stärkste Kerl ihn nicht mehr hält

Wer hat's erfunden? - XEROX

Wie war das doch gleich? Man sucht sich ein Unternehmen, das innovative Ideen hat, beteiligt sich an ihm und schaufelt hin und wieder mal die Geldberge um, die sich ansammeln, damit sie keinen Schimmel ansetzen.

Eines Morgens jedoch fällt einem vor Schreck die Schaufel aus der Hand – der Geldspeicher ist leer. Nicht ein einziger Cent ist mehr da!

Aber ganz so einfach ist es dann doch nicht, sein Geld mühelos los zu werden. Es wird hin und wieder ein Unternehmen dabei sein, das tatsächlich seine Idee vermarkten kann und statt arm wird man reich.

Da gibt es neue Technologien, wie 3D-Druck, MP3, oder Drohnen, oder irgendetwas in der Art. Irgendwo habe ich auch mal was gehört von 3D Fernsehern ohne Brille. Was kommt stattdessen? Eine Brille ohne Fernseher, siehe Samsungs Taucherbrille mit Smartphone (Brett) vorm Kopf Technologie.

Sicher, es lag auf der Hand. Teens, die ständig auf ihrem Smartphone herum wischen, sind noch viel zu wenig abgelenkt, noch zu nah an der Wirklichkeit. Der Kopfsprung in die virtuelle Realität gelingt erst vollständig, wenn man ihnen das Smartphone vor die Augen schnallt. Ich schlage vor ganz unten rechts ein kleines Echtzeit-Filmchen der Smartphone-Kamera einzublenden, sozusagen ein Realviewchen, damit sie nicht gleich gegen den ersten Laternenpfahl rennen, der die Frechheit besitzt, sich ihnen in den Weg zu stellen.

Schauen wir ein paar Jahre zurück. Wie hat diese Welt der bunten Icons, Tabellen, Rahmen und Messageboxes eigentlich das Licht der Welt erblickt? Man möchte fast nicht glauben, dass es nicht Samsung, Nokia, Apple oder Microsoft waren, die sich das alles ausdachten, sondern ein ganz anderes Unternehmen.

„Es war einmal" im Silicon Valley, da hatten in einem innovativen Unternehmen einige sehr begabte Mitarbeiter zahlreiche umwälzende Ideen. Computer präsentierten ihre Ergebnisse bisher stets in überwältigend nüchternen Kolonnen von endlosen Zahlenreihen und Texten. Genauso sexy war ihre Bedienung. Man musste kaum aussprechbare Befehle eintippen, denen oft zahlreiche Parameter, Kürzel bis zum einzelnen Buchstaben folgten. Kurzum, man musste selbst zum Computer werden, um einen dieser Blechkasten bedienen zu können.

Verluste müssen gemacht werden

Bei Xerox, einem bekannten Hersteller von Kopiermaschinen, hatte man die Idee Computerdaten, statt durch Zahlen durch grafische Objekte darzustellen. Fenster mit Rahmen sollten es zulassen, Texte und Dateien auf einem virtuellen Schreibtisch verschiebbar anordnen zu können. Windows war geboren, doch es war weder „MS-Windows" noch „iApple Windows".

```
startUp: t1

   | t2 t3 t4 t5|
   t2 ← 1.

   [pbRec ioVolIndex: t2.
   (Mac pbGetVInfo: pbRec async: false)
       = NoErr]
       whileTrue:
           [HFSMacVolume mount: pbRec                 ].
           t2 ← t2 + 1].
   t5←t2−1.
   t2 ← 0.
   [t2 <= t5]
       whileTrue:
           [HFSMacVolume mountDevice:
           t2 ← t2 + 1].
   FileDirectory do: [:t3 | ((t3 isKindOf: HFSMacVolume)
           and: [t3 isDirectory not])
```

Menu buttons:
again
undo
copy
cut
paste
doIt
printIt
format
accept
cancel
spawn
retrieve
explain

Die Smalltalk Oberfläche
© *Xerox*

Um es ganz genau zu sagen, ging es um ein ganz neues EDV-Konzept, mit Programmiersprache, Betriebssystem und Anwendersoftware. Wenn man einmal von den Konzepten zu einer grafischen Oberfläche absieht, ist lediglich die Programmiersprache, nämlich Smalltalk (siehe Abb. 1) , so wie ursprünglich angedacht übrig geblieben.
In einem einzigen Unternehmen existierten alle Ideen für 30 Jahre Zukunft der EDV. Wenn man es richtig anfing, würden die Gewinne von Microsoft, Apple und einem Dutzend anderer Firmen bei diesem Unternehmen zusammenfließen. Die unternehmerischen Möglichkeiten,

zumindest aus heutiger Sicht gesehen, waren ungeheuerlich.
Um ehrlich zu sein. Die Chancen waren eindeutig vorhanden. Aber am Ende war es nicht einmal heiße Luft. Eine Anlage in Aktien dieser Firma hätte zwar nicht den Totalverlust gebracht, aber auch keinerlei Gewinn.
Man kann den größten Schatz besitzen, wenn man ihn nicht zu schützen weiß, hat man ihn auch nicht verdient.
Genauso kam es auch für Xerox.

Es existierten nach Abschluss der Entwicklung zwei Rechner, der Xerox Alto und seine Weiterentwicklung der Xerox Star.
Als man der Firmenleitung die Ergebnisse vorstellte, waren die völlig desinteressiert. Sie meinten wohl sogar, man habe bisher eindrucksvolle Kopiermaschinen verkauft und solle nach Ansicht der Forscher aus dem Entwicklungslabor in Zukunft wohl „Mäuse" verkaufen.
Natürlich war das nicht die erwartete Anerkennung für jahrelange intensive Forschung.

Xerox Alto der erste "Windows" Rechner der Welt © *Xerox*

Die Leitung der Forschungsabteilung lud daraufhin junge Technikenthusiasten zu Vorführungen. Vielleicht hoffte man so auf mehr Beachtung in der Firmenführung. Unter den Besuchern waren unter anderem Bill Gates und Steve Jobs.

Aber es gab Probleme. Adele Goldberg, eine Mitarbeiterin von Xerox, die für Präsentationen zuständig war, weigerte sich, Führungen zu machen. Ihre Begründung lautete: „Wir werfen so unser Tafelsilber weg!"

Ihr Chef überzeugte sie dann doch und die Vorführungen fanden statt.

Steve Jobs hat wohl später dazu gesagt: "Es war das Beste, das ich in meinem Leben gesehen habe und innerhalb von wenigen Minuten war mir klar, dass alle Computer einmal so arbeiten würden."

Bill Gates, der ebenfalls in den Genuss einer von Adeles Vorführungen kam, wird kaum anders gedacht haben.

Fest steht, dass beide Jungunternehmer alles daransetzten, diese neue Technik zu kopieren und zu Geld zu machen.

Was daraus geworden ist, wissen wir alle, nämlich zwei der erfolgreichsten Firmen der Welt. Da so ziemlich alles, was bei diesen Konzernen Geld einbringt, auf den ersten Ideen von Xerox aufbaut, ist es recht einfach zu berechnen, wo die Aktie der Firma Xerox heute stünde, wenn es ihr möglich gewesen wäre, diese Entwicklungen selbst zu Geld zu machen.

Xerox hätte heute einen Börsenwert von 738.000.000.000 € also fast von einer Billion €. Eine Xerox Aktie würde demnach knapp 700 € kosten, also etwa 100 Mal so viel, wie sie aktuell notiert ist. Immer vorausgesetzt, sie wäre an der Börse reell bewertet.

Was ein einziger unüberlegter Augenblick im Leben einer Firma alles bewirken kann!

In einer kurzen Filmszene hat man diesen wohl entscheidendsten Moment der Computergeschichte nachgestellt:

https://www.youtube.com/watch?v=2u70CgBr-OI

Sven Stillich fasst es in kurzen Worten zusammen:

„Sie zeigten Bill Gates, wo's langgeht:
In den siebziger Jahren versammelte ein Fotokopiererhersteller geniale Tüftler in einer Denkfabrik in Kalifornien. Im Xerox Parc wurden Laserdrucker und Ethernet erfunden - und sogar der Computer, wie wir ihn heute kennen. Doch dann ging alles furchtbar schief."

Und Bill Gates soll später einmal zu Steve Jobs gesagt haben: "Wir

Verluste müssen gemacht werden

sind doch beide wie Jungs, die einen sehr klugen Nachbarn hatten, der immer vergaß die Tür zu zu machen."

Was lernen wir daraus? Will man möglichst hohe Verluste machen, muss man sein Geld in innovative Firmen investieren, die ganz neue Ideen mit viel finanziellem Aufwand erarbeiten. Das Geld ist weg und der Misserfolg fast zu 100% sicher.

Große Konzerne werden die Ideen stehlen oder kaufen, sie in jedem Fall kopieren und zu viel, viel Geld machen. Der eigentliche Erfinder wird verleugnet, finanziell ruiniert oder einfach aufgekauft und ausgeschlachtet. Wie so oft, so ist in diesem Fall ganz sicher der Aktionär der Dumme. Ein Restbestand an Aktien der Betonköpfe, die nicht verkaufen wollten, ist am Ende wertlos.

Quellen:
http://web.stanford.edu/dept/SUL/sites/mac/parc.html
http://www.spiegel.de/einestages/die-wahren-pc-erfinder-a-947989.html

Parkettweisheiten:

Ben Bernanke – Spitzname Helikopter Bernanke: „Im Zweifel kann die Fed die Dollarpresse beliebig rotieren lassen und notfalls Geld mit dem Helikopter abwerfen, um die Wirtschaft anzukurbeln."

*

Carl Fürstenberg : „Als erstes im Bankwesen lernt man den Respekt vor der Null."

*

Michael Schiff: „Eine Bank ist eine Firma die mit fremdem Geld reich wird."

*

Bertolt Brecht : „Bankraub ist eine Unternehmung von Dilettanten. Profis gründen eine Bank."

*

Sigmund Graff : „Viele Menschen tragen ihr Geld auf die Bank, um es vor sich selbst in Sicherheit zu bringen."

Verluste müssen gemacht werden

Es tanzt der Bär, es springt die Kuh und Obenauf da sitzest du

Die Finanzkrise und kein Ende

Finanzkrise, Bankenkrise, Eurokrise, wer kann das alles noch auseinanderhalten?

Aber was viel wichtiger ist, wo lagen die Ursachen, was sind die Auswirkungen?

Noch entscheidender wäre zu wissen, ob die Krise wirklich für längere Zeit überwunden ist. Aber genau das vermag niemand zu sagen. Niemand weiß in der Tat, ob diese Krise bereits hinter uns liegt oder ob das dicke Ende noch kommt. Denn, wenn eines darüber entscheidet, ob wir nun arm, noch ärmer oder bettelarm sind, so ist es die Finanzkrise.

Der Aufbau unseres Geldwesens sorgt überhaupt dafür, dass wir unser Vermögen restlos verlieren können, ja verlieren werden. „Genau!", werden da etliche sagen, das liegt nur daran, dass unser Geld selbst wertlos ist. Wir tauschen unsere Arbeitskraft, unsere Zeit, unser wertvollstes Gut gegen Zettel mit Zahlen drauf. Irgendjemand bürgt dafür, dass wir später wieder Wertvolles für diese Zettel zurücktauschen können. Das täuscht aber nicht darüber hinweg, dass das Geld selbst im Grunde völlig wertlos ist. Auch den Regierungschefs und Zentralbanken scheint das inzwischen klar geworden zu sein. Denn in großem Umfang wurden und werden die Goldreserven der Länder wieder aus ausländischen Lagerorten zurückgeführt.

Das Problem ist in der Tat, dass unser Transfermedium Geld eben bloß einen fiktiven Wert hat. In Wirklichkeit ist es wertlos.

Aber wie konnte es so weit kommen? Wie konnte aus Silber und Gold, mit die wertvollsten Elemente die wir kennen, wertloses Papier werden?

Die Frage ist relativ einfach beantwortet. So wertvoll Gold und Silber sind, sie haben zwei gravierende Nachteile. Zum einen sind sie schwer und damit unhandlich, wenn wir größere Werte transferieren müssen. Zum anderen sind sie nicht in unbegrenzten Mengen verfügbar. Das hat einen großen Nachteil. Stellen Sie sich vor, große Projekte müssten in wertvoller Münze beglichen werden. Der Burj Khalifa, das höchste Gebäude der Welt, hat 1,2 Mrd. Euro gekostet. Damit ist es nicht einmal das teuerste Gebäude. Das ist nämlich das neue World Trade Center mit

Verluste müssen gemacht werden

Baukosten von 3,1 Mrd. Euro. Hätte man die Baukosten in Gold bezahlen müssen, wären das 90,245 Tonnen Gold. Für den Transport benötigte man dann etwa 10 Lastwagen.

Genau das war der Grund für die Erfindung des Papiergeldes.

Eine Goldmünze aus der Römerzeit, in der Mosel gefunden, hat immer noch ihren Wert, obwohl seither 2000 Jahre vergangen sind. Papiergeld aus dieser Zeit, wenn es das bereits gegeben hätte, wäre bis auf museales Interesse völlig wertlos.

Was damals vor 1000 Jahren in China der Grund war, wegen fehlenden Münzmetalls Papiergeld einzuführen, passiert heute mit unserem Papiergeld. Es ist einfach unpraktisch, Geld in einer Börse mitzuführen, wenn man es per Smartphone direkt aus der Bankfiliale in die Discounterkasse zahlen kann.

Der eigentliche Grund, warum unser Geld in absehbarer Zeit abgeschafft wird, dürfte allerdings die Finanzkrise sein, die trotz der Beteuerungen aller Währungshüter leider immer noch nicht beendet ist.

Draghi, der Währungshüter Europas pumpt jeden Monat sage und schreibe 80 Milliarden Euro in den Finanzmarkt. Bis März 2017 ergibt das eine Geldsumme von 1.740.000.000.000 Euro oder anders gesagt 1,7 Billionen. Das erinnert nicht von ungefähr an die Geldscheine aus der Zeit der großen Inflation. Diese ganze Operation 'Wahnsinn' hat nur den Zweck, die Wirtschaft anzukurbeln und die Inflation zu verstärken, ist also im Grunde gegen die Bürger Europas gerichtet. Denn Inflation ist nichts anders als Vermögensverlust derer, die ohnehin kaum ein Vermögen haben.

Nachgewiesenermaßen haben derartige Maßnahmen keine Wirkung auf das Wirtschaftswachstum. Sie erhöhen lediglich die in Sachwerten gebundene Geldmenge, da das Geld Schutz vor der Inflation sucht, die es selbst verstärken soll. Würden wir in dieser Lage das Bargeld behalten, käme es schließlich zu einer Finanzkatastrophe nie gesehenen Ausmaßes.

So wird am Ende nur eine Lösung bleiben: Das Bargeld an sich abzuschaffen. Damit kommt der letzte Schritt in der Entwicklung des Zahlungsverkehrs, vom Tauschhandel zum eCommerce. Dann sind wir auf Gedeih und Verderb unseren Banken ausgeliefert, denn sie führen dann unsere Zahlungen für uns aus, und zwar nicht etwa real, sondern nur noch durch einen Zahlentausch. Das Einzige, was dann noch einen Marktwert hat, ist das Vertrauen, das wir unserer Bank entgegenbringen. Möge Gott uns beistehen, dass sie uns dabei nicht enttäuscht.

Es dürfte dann für einen unlauteren Bankmitarbeiter ein Leichtes sein, unsere Existenz mit einem einzigen Button-Klick restlos und nachhaltig zu beseitigen.

Geld existiert in naher Zukunft also nur noch als Bitfolge in den Schaltkreisen von Computern. Auch Cypergeld, Kryptowährungen, wie Bicoin, sind nur Bitfolgen, auch wenn man es in Form von Zeichen-Schlüsseln speichern kann.

Wenn Bankiers und Politiker nun glauben, der Millionär, der Geschäftsmann, die Hausfrau und der Mafiosi, Räuber und Kleinkriminelle würde sich damit zufriedengeben, so irren sie sich gewaltig.

Es wird ein zweiter Finanzmarkt entstehen. Ein Markt, in dem Tauschgeschäfte, Ware gegen Dienst und vor allem Edelmetalle wieder den Platz übernehmen, den heute noch das Geld innehat.

Die Mächtigen vergessen, dass man Vermögen auch persönlich horten können muss, damit es Vermögen bleibt. Geld von Banken verwalten zu lassen, die dafür eine willkürliche Gebühr erheben können, weil der Bürger keine andere Wahl mehr hat, macht uns nicht zu Vermögenden, sondern zu Sklaven. Bits und Bytes kann man nun mal nicht in den Sparstrumpf oder das Sparschwein stecken.

Silber für kleinere Beträge und Gold für große wird sich wieder etablieren. Dabei wird es keine Rolle spielen, ob das Edelmetall in Barren oder in Münzen vorliegt. Zählen wird allein der Edelmetallwert.

Nun werden Sie sagen: „Aber das Gewicht – wie vorhin berechnet, das Gewicht bleibt doch erster Hinderungsgrund."

Das mag schon sein. Aber berücksichtigen Sie auch bitte, was passieren wird, wenn man zu Hause sein Vermögen nur noch in Form von Goldbarren verstecken kann.

Der Goldpreis wird steigen, unter anderem …

Tresorhersteller werden sich Goldene Nasen verdienen. Denn auch die Banken werden vermehrt Gold horten müssen. Schon allein, damit das

Verluste müssen gemacht werden

Vertrauen in das Cybergeld nicht völlig verloren geht.

Wie weit der Goldpreis dann steigen wird, vermag heute natürlich noch niemand zu sagen. Denn je wertvoller es wird, je weniger benötigt man, um einen bestimmten Wert darin zu verwahren. Es wird also umso interessanter, je höher sein Preis steigt.

Eines ist aber so gut wie sicher. Das, was wir von unserem Besitz in Gold anlegen, wird niemals wirklich wertlos werden.

Es wirft zwar keinen Zins oder gar eine Dividende ab, dafür besitzt es einen inneren Wert, der niemals ganz verloren gehen kann, komme was da wolle.

Vielleicht ist das auch der Grund, warum ich mich von jeher davor gescheut habe, Gold wie auch immer geformt, als Schmuck, Münzen oder Barren, zu kaufen.

Gold ist für mich damit das Geld von Morgen. Es gibt zu Gold freilich noch mehr zu sagen. Das aber in einem eigenen Kapitel.

Parkettweisheiten:

Alan Greenspan : „Der Goldpreis? Das ist Substanz plus Glaube und Angst minus Zinsen."
Anmerkung des Verfassers: Es hätte mich auch sehr gewundert, wenn ein Währungshüter das anders sehen würde.

*

André Kostolany : „Investiere bei einem Goldrausch nicht in Gold oder in die Goldgräber, sondern in Schaufeln!"

*

Alan Greenspan : „Ohne Goldstandard gibt es keine Möglichkeit, Ersparnisse vor der Enteignung durch Inflation zu schützen. Es gibt dann kein sicheres Wertaufbewahrungsmittel mehr. Wenn es das gäbe, müsste die Regierung seinen Besitz für illegal erklären, wie es ja im Falle von Gold bereits gemacht wurde."

*

La Fontaine : „Man läuft Gefahr Geld zu verlieren, wenn man zu viel Geld gewinnen möchte."

*

Eddie Cantor : „Man riet mir, diese Aktien als Alterssicherung zu kaufen. Es war ein toller Erfolg: Innerhalb einer Woche bin ich zum alten Mann geworden."

Und wenn die Kurse seitwärts gehen,
so ist es schwer das durchzustehen

Kaufen wir Bankaktien?

Geld verliert man am elegantesten, wenn man es in Aktien korrupter Unternehmen anlegt.

Geht es Ihnen da genauso wie mir? Wenn ich korrupt im Rahmen von Unternehmen höre, fallen mir sofort Banken ein.

Es muss doch irgendetwas Verrufenes an dieser Einrichtung namens Bank sein. Ich erinnere mich an Zeiten, in denen es dieses geflügelte Wort gab: „Die Bank ihres Vertrauens!"

Ich dachte immer es wäre der Werbeslogan einer einzigen Bank gewesen. Gibt man indes den Satz heute bei Google ein, so kommen Fundstellen mit den Namen von wenigstens einem Dutzend Geldhäusern. Also scheint das Vertrauen bei Banken ein Problem zu sein.

Es ist wohl nicht möglich, jedem Geldhaus zu vertrauen. Man muss sich die Bank seines Vertrauens schon mühsam selbst suchen.

Da fällt mir die Geschichte ein, die ich mit einem Geldhaus erleben durfte. Ich weiß, ich habe sie oft schon zum Besten gegeben. Aber sie ist einfach zu symptomatisch in Bezug auf den Begriff Vertrauen, auf dass sie hier fehlen dürfte.

Ich hatte ein Konto bei einer deutschen Bank, deren Namen ich hier nicht weiter offenlegen möchte. Das Konto selbst war nicht beeindruckend, höchstens vielleicht im negativen Sinne. Aber das kleine Geld möchte auch angelegt sein.

Es war die Zeit, da Südkorea darüber nachdachte, den Finanzmarkt für Ausländer zu öffnen. Ich weiß, das ist lange her. Wahrscheinlich waren Sie damals auch noch gar nicht geboren. Aber man kann nun mal nur aus der Vergangenheit lernen, also Firmen wie Hyundai, Samsung, Posco usw. sollten erstmals ausländisches Kapital als Futter vorgesetzt bekommen. Es war zu erwarten, dass sie mit dieser Mast bald zu beachtlicher Größe heranwachsen würden. Aber der westliche Privatmann (Es geht wirklich um Südkorea) konnte nicht direkt Aktien dieser Firmen erwerben, Beteiligung war vorerst nur über Fonds

Verluste müssen gemacht werden

möglich.

Demzufolge musste ich schon meine Bank aufsuchen, um Näheres zu erfahren (Das Internet war noch nicht erfunden).

Im Schaltersaal wusste man natürlich von gar nichts. Ich fragte mich gleich, ob den treuen Seelen überhaupt bekannt war, dass so ein Land wie Korea überhaupt existiert. Man verwies mich auf das Obergeschoss, wohl so etwas wie ein Investment-Saal. Tatsächlich gab es dort Monitore mit Kursanzeigen und endlose Tabellen, viel zu farbig dargestellt. Tatsächlich fühlte ich mich hier weit besser aufgehoben. Was sich jedoch sofort als folgenschwerer Irrtum herausstellen sollte.

Meine Erläuterungen wollten irgendwie nicht richtig ankommen.

„Koreas Kapitalmarkt will sich doch jetzt dem Westen öffnen und ...“

„Davon habe ich noch nie etwas gehört!“

„Also es soll doch möglich sein, in Form von Fonds an dem koreanischen Finanzmarkt zu investieren.?“

„Nicht dass ich wüsste. Also wir haben da mit Sicherheit nichts im Angebot.“

„Ist nicht zufällig was geplant?“

„Sowas? Nicht dass ich wüsste!“

Damit musste ich mich dann wohl zufriedengeben. Eine Investition in Unternehmen wie Hyundai oder Samsung war damit für mich außer Reichweite.

Es hätte auch wahrscheinlich weiter keine Auswirkungen gehabt, wenn ich zwei Tage später nicht einen kleinen Artikel im Handelsblatt gelesen hätte. Der genaue Inhalt ist mir natürlich längst entfallen, aber er lautete ungefähr so: „Koreafond der XY-Bank sehr erfolgreich“

Mit etwa dem Inhalt, dass der reißende Absatz des Fonds ein vorzeitiges Erreichen des geplanten Kapitals möglich machen würde. Es sei noch nicht sicher, ob danach eine weitere Tranche aufgelegt werde.

Da wusste ich, dass ich bei der Bank meines Vertrauens kein Kunde ihres Vertrauen war und es Zeit wurde, mein Konto aufzulösen.

Schon am nächsten Tag stand ich mit der Plastiktüte eines bekannten Discounters an einem Schalter dieser Bank und ließ mir den Inhalt meines Kontos in großen Scheinen auszahlen.

Solche Tüten sind das sicherste Transportmittel für größere Geldbeträge. Kein Mensch käme auf die Idee das in so einer zerknitterten Plastiktüte der Geldbetrag zum Kauf eines Wagens zu finden wäre.

Jedenfalls entleerte ich den Beutel in der Vereinsbank zwei Straßen weiter. Im Nachhinein muss ich sagen, der Service war wirklich besser. Viele Jahre später gab es da so eine Fusion, Altlasten soll es auch gegeben haben. Nun ja, wegen meines Umzugs hatte ich damals schon lange kein Konto mehr bei diesem Bankhaus.

Banken sind eigentlich... ans Mittelalter will ich gar nicht erst denken, eine wirklich alte Erfindung. Heute, wo das Bargeld abgeschafft werden soll und Finanzierung per Crowdfunding (wörtlich: Schwarmfinanzierung) stattfindet, dürfte auch die Bank als Geldinstitut an sich überholt sein.

Ein sehr schönes Beispiel eines ursprünglichen Bankgebäudes ist mit Sicherheit der Palazzo San Giorgio in Genua. Von der Gebäudehistorie her mit Abstand die älteste Bank der Welt (siehe folgende Abb. Sie zeigt den modernen Teil des Gebäudes). Freilich war der Bau des Admirals Guglielmo Boccanergra von 1260 zunächst einmal nur ein Gefängnis, bevor er 1407 Sitz der neu gegründeten Banco di San Giorgio wurde. Bereits als Gefängnis schrieb er Weltgeschichte. Denn in diesem Gebäude diktierte ein Gefangener Namens Marco Polo 1298 seinen berühmten Reisebericht nach China (Il Milione) an den Mithäftling Rustichello da Pisa.

Gedenktafel an den Aufenthalt Marco Polos und die Niederschrift des Il Milione

MARCO POLO
DETTO' IN GENOVA
IL MILIONE
NEL GIORNO DI COLOMBO
GENOVA E VENEZIA
POSERO
MCMXXVI
A COMPAGNA   SERENISSIMA

Bankgeschäfte, so möchte ich meinen, waren damals und das natürlich nicht, weil Marco Polo über 100 Jahre zuvor dort inhaftiert war, ein Wagnis und ein Abenteuer im ursprünglichen Sinne. Heute sind sie wohl, so traurig es auch klingt, nur noch Betrug.

Banco di San Giorgio in Genua   © *Wikipedia*

Die Banco di San Giorgio betrieb sehr erfolgreich Weltpolitik, indem sie zahlreiche Genueser Kolonien verwaltete und den Mächtigen dieser Welt Geld lieh. Ihre Kunden waren unter anderem Christoph Kolumbus und Kaiser Karl V., in dessen Reich die Sonne nie unterging. 1805 wurde die mächtige Bank von Napoleon Bonaparte geschlossen.

Am heutigen Tag habe ich gerade den schweren Entschluss gefasst, mein großväterliches Sparbuchkonto endgültig aufzulösen, um nicht noch in den Genuss von Strafzinsen zu kommen.

Wie sich die Bilder doch ähneln!

Und die Zeiten? Nun ja, die Zeiten ändern sich dagegen nicht wirklich.

Der Autor des Buches vor dem ursprünglichen Palazzo San Giorgio in dem Marco Polo gefangen war

Bankhäuser zählen zu den juristischen Personen, die die meisten Klagen am Hals haben. Allein die Deutsche Bank soll an die 1000 Prozesse an der Backe haben. So ganz genau weiß das niemand. Da zu jeder Ungereimtheit meist mehrere Klagen anstellig sind. Es ist schon schwer, allein die Geschäftsfelder zu übersehen, wo der Deutschen Bank überall Gerichtsbeschlüsse drohen. Es sind unter anderem:

- CO2 - Zertifikatehandel
- Kirch Gruppe

- US-Sanktionen

- US-Steuerstreit

- US-Hypotheken

- US-Immobilienskandal

- Libor-Zinsskandal

- Devisen und Derivate

- Geldwäsche in Russland

Da sieht es in der Tat so aus, als könne man sein Geld besser nutzten, um sich eine Zigarre anzuzünden. Wahrscheinlich brennt es dabei sogar länger, als wenn man es in Bankaktien anlegt.

Banken hatten es vor Jahren relativ einfach. Ein Schuster musste Leder zurechtschneiden und nähen können. Ein Bankier braucht nur Geld zu verleihen und dabei darauf zu achten mehr Zinsen zu bekommen, als er selbst Zinsen auf die ausgegebenen Sparbücher zahlt. Mit der Zeit etablierten sich sogar noch einfachere Finanztechniken, die auf Abschreibungsmöglichkeiten beruhen. Man musste nur Geld genug verdienen, um viel Steuern zahlen zu dürfen, dann konnte man mithilfe seiner Bank Steuern auf Dividendenzahlungen geltend machen von Aktien, die man gar nicht besaß. Eine sehr lukrative Sache, zumal keinerlei Verlustrisiko bestand. Natürlich verdiente auch die Bank daran. Fast so gut wie an der Ausgabe von Optionen.

Eine Lizenz zum Gelddrucken.

Inzwischen sind die Finanzminister der Heimatländer dieser 'Finanzgenies' auch aufgewacht und wollen derartige Geldvervielfältigung abstellen. Doch ich bin mir ziemlich sicher, dass sich wieder andere Schlupflöcher finden werden, um an das schwer erarbeitete Steuergeld der einfachen Leute zu kommen. In diesem Kreis der illustren Anleger ist es kaum möglich, Verluste zu machen.

Wenden wir uns daher aussichtsreicheren Anlagemöglichkeiten zu, damit unser Kapital sich weiterhin verringere, statt sich zu mehren.

Verluste müssen gemacht werden

Ein kluger Finanzguru hat einmal gesagt, mit Bankaktien kommt es wie mit den Eisenbahnaktien. Der Staat wird so lange Restriktionen und Gesetze zum Finanzwesen erlassen, bis die Bankaktien zu Eismumien erstarrt sind und es wird fraglich sein, ob sie je wieder auftauen.

Das ist also wirklich eher etwas für Leute, die ihr Geld sicher parken wollen, ohne Verluste, noch Gewinne in Kauf nehmen zu müssen.

Zur Not kämen sie also doch in Frage denn die Inflation, falls sie denn noch mal auftreten sollte, wird die Bankaktien genüsslich verspeisen, bis sie dann am Ende wirklich gar nichts mehr wert sind.

Quellen:
Gerhard Wischnewski, 2015 Das Jahrbuch des Verbrechens, Knaur Verlag, Banker-Sterben

Parkettweisheit:

Mark Twain . Banker sind Menschen, die dir bei guten Wetter einen Regenschirm leihen, ihn aber zurückfordern sobald es zu regnen beginnt.

*

Voltaire : „Wenn Sie einen Schweizer Bankier aus dem Fenster springen sehen, springen Sie sofort hinterher: Unten gibt es ganz gewiss etwas zu verdienen."

*

Moritz Leiffmann : „Ein Bankier muss schlau sein wie ein Fuchs, vertrauenswürdig wie ein Beichtvater und muss Nerven haben wie Schiffstaue."

*

Inflation ist, wenn die Brieftaschen immer größer und die Einkaufstaschen immer kleiner werden.

Manch einer träumt vom Flügelpaar,
doch nur in Märchen wird sowas wahr

Zum Golde drängts

Wenn wir schon über Banken sprechen, warum nicht auch über Geld?

Wir hatten es ja bereits in 'Die Finanzkrise und kein Ende' angedeutet. Bargeld wird es auf absehbare Zeit nicht mehr geben. Geld und demnach Vermögen wird physisch nicht mehr fassbar sein. Dagobert Duck wird in seinen Geldspeicher springen und hart auf dem Boden aufschlagen. Er wird einfach leer sein und zwar nicht, weil die Panzerknacker ihn mal wieder angebohrt haben, sondern weil es einfach kein Geld mehr gibt.

Es fällt mir ehrlich gesagt schwer, mir vorzustellen, es gäbe einmal Generationen, die gar nicht mehr wissen, was Geld ist. Vielleicht ist da doch eine frühkindliche Affinität. Ich wage es nicht zu vermuten ...

Erfunden hat es jedenfalls angeblich ein gewisser Krösus, seines Zeichens König von Lydien. Laut dem griechischen Historiker Herodot war er der letzte König des Lyderreiches (in der heutigen Türkei gelegen), das von den Persern erobert und er gestürzt wurde. Krösus soll sagenhaft reich gewesen sein. Bis heute dient sein Name zur Benennung extrem reicher Zeitgenossen. Ursprung seines Reichtums war wohl die erstmalige Vermünzung von Goldstücken bereits zur Regierungszeit seines Vaters Alyattes II. Wurde bisher der Wert von Edelmetallstücken allein durch Wiegen festgestellt, stempelte man Edelmetallproben nun und garantierte damit deren Herkunft. Das Münzgeld war erfunden.

Verluste müssen gemacht werden

Münze des Krösus

Krösus ließ seine Münzen mit einem Bullen und einem Löwen prägen (Nein, nicht mit Bullen und Bär).

Krösus hatte zu seiner Zeit keine Probleme mit der Rohstoffmenge. Zum einen gab es da einen Fluss namens Paktolos, in dem man reichlich Nuggets fand, außerdem noch Goldbergwerke zwischen Atarneus und Pergamon. Zum anderen konnte er auf die Tribute der eroberten Staaten zurückgreifen. Das alles wurde größtenteils gemünzt und bildete die Grundlage des antiken Finanzwesens ganz Kleinasiens und darüber hinaus. Krösus' Weg zum Reichtum war in der Tat die Tatsache, der Sohn des Mannes zu sein, der das Geld erfunden hatte. Die Goldmünzen waren bei der High Society der damaligen Zeit so bekannt, dass sie nach ihm ihren Namen bekamen, sie hießen Kroiseiden (Kroiseidos).

Wie viele Wohlhabenden versuchte er stets, seinen Reichtum zu wahren und zu vermehren. So hatte er sich überlegt, alle bekannten Orakel der Antike über die Zukunft zu befragen. Ein Vergleich sollte ihm dann erlauben auf die Quelle der wahren Weisheit zurückgreifen zu können.

Er sandte Boten zu allen Orakeln und ließ genau am hundertsten Tag nach ihrer Abreise von seinem Hofe fragen, was er an diesem Tage täte. Nur die berühmte Pythia zu Delphi vermochte die richtige Antwort zu geben, dass er nämlich gerade eine Schildkröte und Lammfleisch in einem ehernen Kessel zubereite.

Der größte Hintergedanke bei der Sache war der, dass er sich sicher sein wollte wie es ausginge, wenn er die Perser angreife. Ihr Reich war gerade dabei zu erstarken und er dachte daran sie zu erobern, oder ein Bündnis mit ihnen einzugehen.In Bezug auf seine militärischen Abenteuer bekam er schließlich in Delphi die Antwort: Wenn er den Halys überschreite, werde ein großes Reich zerstört.

Das Orakel behielt recht. Allerdings fiel nicht, wie er erhoffte, das persische Reich, sondern sein eigenes.

Mit dem Rohstoff für harte Münze sieht es heute weit schlechter aus als zu Krösus Zeiten. Genügte damals das gewonnene Edelmetall reichlich, um das Vermögen der gesamten Weltbevölkerung abzudecken, so ist der Bestand an Edelmetallen heute viel zu gering.

Der sogenannte Club of Rome hatte bereits 1972 für 2000 vorhergesagt, dass die Rohstoffe zur Neige gehen werden. Silber sollte als erster Rohstoff völlig erschöpft sein. Der bereits kurz nach seiner Veröffentlichung umstrittene Bericht von Dennis L. Meadows hatte den vielsagenden Titel „Grenzen des Wachstums".

So nannte Henry Wallich von der Yale-Universität in seinem Leitartikel der Newsweek vom 13. März 1972 *'Die Grenzen des Wachstums'* als unverantwortlichen Unfug („irresponsible nonsense"). Meadows Katastrophenszenarien seien stark von den politischen Strömungen der Umweltaktivisten und ähnlicher Gruppierungen geprägt.

Rohstoff ist nicht gleich Rohstoff. Während die Öl- und Gasvorräte im wahrsten Sinne des Wortes verfeuert werden, verarbeitet man Edelmetalle lediglich, gibt ihnen also andere Formen.

Gerade Gold ist ja bekannt für seine ständige Wiederverwendung. Atome des Goldes, das ihre Frau gerade in Form einer Kette um den Hals trägt, waren mit Sicherheit in den Ohrringen Kleopatras und in der Goldmaske des Pharaos Chephren, die für immer verloren ist. Und seien sie sicher, wenn es zu Zeiten des T-Rex Goldzähne gegeben hätte, sie wären sogar in dessen furchtbarem Gebiss gewesen.

Parkettweisheit:

Gretchen in Faust I, Goethe:
„Nach Golde drängt, Am Golde hängt Doch alles.
Ach wir Armen!"
*

Jürgen Kopp : „Meine Finanzen sind zerrüttet, an
der Börse hat's gekracht. Da hab' ich aus den
Aktien den Kindern Drachen gemacht. Ich zog mit
ihnen zu Felde, wo sanfte Lüfte weh'n, dort konnt'
ich meine Papiere noch einmal steigen sehen."
*

Carl Fürstenberg : „Wenn der Staat Pleite macht,
geht natürlich nicht der Staat pleite, sondern der
Bürger."
*

Ben Bernanke : „Die US-Regierung verfügt über
eine Technologie, genannt Druckerpresse (oder
heute entsprechende Software), die ihr die
Produktion so vieler US-Dollars erlaubt, wie sie
nur wünscht – und das ohne Kosten."

Von Hinten schlägt ein Hammer zu,
das Ziel bist leider nochmals du

Saubermänner und Co.

Portrait einer Katastrophe

Sollte eine Geldanlage nicht nur Selbstzweck sein?

Eine verrückte Idee, ich weiß. Und doch war ich schon recht früh der Meinung, man sollte Großvermögen extrem besteuern. Vielleicht bin ich ja ein verkappter Kommunist? Ich habe es noch nicht untersuchen lassen. Milliardäre sollten meiner Meinung nach 99,9% Vermögenssteuer zahlen müssen. Die verbliebene Million reichte immer noch aus, ein überdurchschnittliches Leben zu führen. Das Ganze allerdings mit einer einzigen Ausnahme. Sollte der Milliardär gewillt sein, mit seinem Geld wohltätige Projekte größeren Umfangs zu tätigen oder technische Entwicklungen voranzutreiben, die der Menschheit dienen, dann freilich dürfte er sein Vermögen zu 100% behalten. Ich denke dabei an Projekte wie die Ausmerzung aller Krankheiten, Unterricht und Ausbildung für alle Kinder Afrikas, die Besiedlung des Mars oder gar den ersten Flug zum Alpha Centaury System oder, oder, oder ...

Ich sehe schon, Sie halten mich für übergeschnappt. Doch wie alle Verrückten halte ich meine Ideen eigentlich für das Normalste der Welt. Ganz allein scheine ich damit aber auch nicht zu sein. Im Projekt "Breakthrough Starshot", das am 12. April 2016 ins Leben gerufen wurde, wird daran gearbeitet, mit einem Schwarm an Miniraumschiffen das nächste Sonnensystem zu erreichen. Stephen Hawking wirkt an diesem Projekt mit und die Finanzierung übernimmt der Milliardär Yuri Milner. Ob die Zwei auch verrückt sind? Nein? Also sollten Sie mir wenigstens die Chance geben, meine Verrücktheit zu erläutern.

Meinen Gedanken liegen nämlich zwei Überlegungen zugrunde.

Erstens

Was war überhaupt die Grundidee zur Erfindung des Geldes? Es ging doch wohl darum, über den Tauschhandel hinaus Vermögen anhäufen zu können, um größere Projekte durchzuführen, also etwa einen Hausbau und überhaupt alles, was über den Besitz einer Kuh oder Ziege hinausging.

Riesige Privatvermögen sind dagegen eine Pervertierung des Geldes. Dafür war das Geld nie gedacht. Es ist eine Fehlentwicklung, die längst korrigiert gehört. Selbst Krösus, der angebliche Erfinder des Geldes hat es ausschließlich für Großprojekte genutzt. Damals waren Großprojekte meistens Kriege. Aber auch Forschungsvorhaben, wie die Untersuchung der Wahrheitsgehalte bekannter Orakelstätten, lagen ihm am Herzen. Doch das haben wir bereits im vorigen Kapitel erwähnt.

Ich kann mich natürlich auch täuschen. So mag es natürlich sein, dass er seine auf scheinbar sinnvolle Dinge begrenzten Investitionen tätigte, weil gewisse Dinge noch nicht verfügbar waren. Lamborghinis gab es z.B. noch nicht, auch die Maximilianstraße in München war erst in der Planung. Der Bau von Hochseejachten lag noch in den Kinderschuhen und Steuerparadiese waren noch genauso wenig erfunden wie Schönheitsfarmen.

Halten wir also fest, Geld gehört, um eine Daseinsberechtigung zu haben, sinnvoll investiert.

Zweitens

Staatlich geförderte Großprojekte sind selten geworden oder scheitern kläglich. Dabei denke ich nicht einmal an einen gewissen Großflughafen, Elbphilharmonie oder Ähnliches. Nachdem die NASA den Mond nach Kennedys Vorgaben noch pünktlich erreichte, hapert es beim Besuch des Mars. Der Abflug hat sich inzwischen sozusagen um 20 Jahre verspätet. Ich hoffe Sie denken es liegt am Ende des Kalten Krieges vor etwa 25 Jahren. Ja genau, so lange ist das schon her.

Was haben Kriege mit dem technischen Fortschritt zu tun?

Oh ja, ja, der Krieg ist der Vater aller Dinge. Sollten wir nicht inzwischen über die Epoche der Neandertaler hinaus sein? Also Krieg oder kein Krieg als Ausrede lasse ich hier nicht mehr gelten.

Größere Projekte wie der Flug zum nächsten Sonnensystem werden erst gar nicht in Betracht gezogen. Der Regierungsauftrag wird von Politikern heute nicht mehr als Auftrag und Verpflichtung, sondern als Chance zur Selbstbedienung und Sprungbrett in Aufsichtsräte betrachtet.

Verluste müssen gemacht werden

Ob Marktwirtschaften dieser Couleur je wieder sinnvolle Großprojekte ins Auge fassen, ist mehr als fraglich. Es sei denn, man versteht unter Großprojekt einen Palast für den Präsidenten der Türkei.

Um die Steuertöpfe der wohlhabenden Staaten sammeln sich mehr und mehr Schmeißfliegen, die mehr oder weniger geschickt davon leben. Und da Politiker wiedergewählt werden wollen, um ebenfalls möglichst lange an diesem Tropf zu hängen, sieht es schlecht mit staatlichen Großprojekten aus.

Wenn in Zukunft technische Revolutionen, große Expeditionen und wichtige Vorhaben finanziert werden sollen, so werden dies wohl in immer geringerem Umfang Staaten tun.

Was bleibt?

In der Tat scheint es so, dass meine Gedanken zum Sinn und Unsinn des Reichtums nach Jahrzehnten inzwischen von entsprechend Betuchten aufgegriffen werden, siehe Bill Gates oder Elon Musk.

Als kleiner Aktionär bleibt man dabei natürlich wieder mal außen vor. Klar, heute kann man Tesla-Papiere kaufen, wenn man die Elektromobilität fördern möchte. Man kann in Windenergie oder Solarenergie investieren. Und damit auf die Nase fallen. Geduld, dazu kommen wir noch.

Das reichte mir nicht – ich wollte mehr.

Was lag also näher als mein Geld in eine Firma zu investieren, die direkt etwas für die Umwelt tut? Ein Unternehmen, das möglichst üblen Schmutz in ein möglichst positives Endprodukt verwandelt.

Ein Investment in den ganz großen Dreckvernichter, sozusagen in ein von Grund auf grünes Unternehmen!

Erfolgreich sollte es natürlich auch sein. Es geht doch nichts über das Gefühl, wenn man mit seinem mühselig ersparten Geld etwas Gutes für die Menschheit tut und dann auch noch davon profitiert.

Nach längeren Recherchen entschied ich mich für eine Firma namens Envio Umwelttechnik.

Ein grundsolides Unternehmen, das in der Biogas-Nutzung tätig war und nebenbei noch Großtransformatoren sanierte. Sie enthielten reichlich PCB (Polychlorierte Biphenyle) als Kühlflüssigkeit. Und PCB ist so ziemlich das Dreckigste was man sich vorstellen kann. Hochgradig krebserregend und durch die reichliche Verwendung als Weichmacher in Kunststoffen, in Dichtungsmassen, Lacken, Isoliermitteln, Kondensatoren und Transformatoren inzwischen weltweit verbreitet und im Boden, in Gewässern und der Atmosphäre vorkommend. Kaum vorstellbar, wenn diese riesigen Kraftwerkstransformatoren nicht fachgerecht zurückgebaut und entsorgt wurden.

Ich kannte diese dicken Dinger und das dubiose PCB aus eigener beruflicher Erfahrung und mir war schlagartig klar, dass man damit richtig Geld scheffeln konnte. Wenn man sie sach- und fachgerecht zerlegte und die verwendeten Rohstoffe zu Geld machte, musste man praktisch automatisch reich werden.

Zudem hatte die Unternehmensführung angekündigt, dass man in Kürze einen zweiten großen Sanierungsstandort für Trafos in Korea eröffnen werde.

Na, wenn das mal keine positiven Aussichten waren!

Ich sonnte mich regelrecht in Meldungen wie der Folgenden und zählte schon in Gedanken die Euros, die ich mit der Reinhaltung von Flüssen und Meeren erringen sollte:

„ 29.05.2010, Envio aus dem Depot entfernen
„Es gebe einen Skandal um den PCB-Entsorger. Nach Hinweisen ehemaliger Mitarbeiter, die dem Unternehmen schwere Versäumnisse bei Umwelt- und Betriebsauflagen vorgeworfen hätten, seien Ende April Kehrproben genommen worden, die nun eine Überschreitung des zulässigen PCB-Grenzwertes auf dem Firmengelände um das Tausendfache ergeben hätten. Des Weiteren seien hochtoxische Dioxine und Furane festgestellt worden. Der Betrieb der Dortmunder Anlage sei Ende Mai still gelegt worden.
Envio falle zunächst durch eine unglückliche Kommunikationspolitik auf. Da werde relativiert und verharmlost. Die kritischen Fragen der Experten würden zwar prompt beantwortet, die Antworten würden indes jedoch recht unbefriedigend ausfallen. Man gehe davon aus, dass der Grund für die Belastung aus einem ‚einmaligen Vorfall' resultiere, der

nichts mit dem eigentlichen Entsorgungsverfahren zu tun habe. Angesichts des Ausmaßes der Verunreinigung falle es jedoch schwer, das zu glauben. Ohnehin dürfte das Vertrauen in den Vorstand bei vielen Aktionären längst zerstört sein.

Die Experten von ‚Smart Investor' empfehlen die Aktie von Envio aus dem Depot zu entfernen. (Ausgabe 07) (29.06.2010/ac/a/nw)"
(© http://www.stock-world.de/detail/100344157-Neue_Analysen-3442675-Seite.html)

Im Oktober 2010 ging der größere Teil der Firma Envio AG in die Insolvenz. Zwei Jahre später, als schließlich die Notiz eingestellt wurde, hatten meine Aktien noch einen Wert von 2 Cent.

In so einem Fall fällt es schwer ein paar tausend Euro hinterher zu weinen. Ehrlich gesagt, ich habe es auch nicht getan. Was mir wirklich weh tat, waren die Nachrichten über die verseuchten Mitarbeiter der Firma.

Eigentlich macht einen so etwas sprachlos. Nein, wir sind keine Bananenrepublik, wie man so oft am Stammtisch oder Tresen zu hören bekommt. Manchmal frage ich mich allerdings ob wir in Wirklichkeit nicht etwas viel Schlimmeres sind.

Was mich angeht kann ich niemandem einen Vorwurf machen. Es war meine Entscheidung Geld in dieses Unternehmen zu investieren. Mit etwas Nachdenken hätte ich vielleicht dahinterkommen können, dass man PCB nicht einfach verschwinden lassen kann.

Im nächsten Kapitel sieht es da etwas anders aus. Denn kriminelle Machenschaften kann man nicht so einfach durch Nachdenken entlarven.

Quellen:
http://www.breakthroughinitiatives.org/Initiative/1

Parkettweisheiten:

Carl Meyer Rothschild : „An der Börse muss man sich verhalten wie beim Baden im kalten Wasser: Hineinspringen und schnell wieder heraus."

*

Eine Börse wäre keine Börse, wenn nicht viele Narren ihr Unheil dort treiben würden.

*

Erfahrung ist eine nützliche Sache. Leider macht man sie immer erst kurz nachdem man sie brauchte.

*

Danny Kaye : „Immer wieder gibt der Mensch Geld aus, das er nicht hat, für Dinge, die er nicht braucht, um damit Leuten zu imponieren, die er nicht mag."

*

Freundliche Stimmung an der Börse sollte nicht zu voreiligen Schlüssen führen. Manch einer, der gesund und rosig aussieht, hat nur zu hohen Blutdruck.

*

Jemand der mit Leerverkäufen spekuliert, gräbt eine Grube, in die andere hineinfallen sollen.

Er bläst sie auf mit aller Kraft,
den Zinsen fehlt dafür der Saft

Mit den Leeren in die Vollen

Ein Krimi frei nach Alexandre Dumas

Eigentlich müsste der Titel lauten: „Wie Profizocker durch Leerverkäufe Kleinanleger bettelarm machen."

Wie wir schon öfter feststellen durften, agiert man nicht allein am Markt. Es gibt außer uns noch andere, weitere Aktionäre an der Börse. Wer sollte einem sonst die gefallenen Aktien anbieten und wer einem die gestiegenen abkaufen? Es gibt da aber auch gewisse Leute, die zocken mit Optionen. Darüber lohnt sich, ein eigenes Buch wie dieses zu schreiben. Bei Optionen ist es sehr leicht möglich einen Totalverlust zu erleiden. Über- oder unterschreitet der Wert einer Aktie, auf die die Option lautet einen bestimmten Wert, ist die Option wertlos. Was eben noch 1 € und mehr notierte, steht dann nur noch mit 1 Cent in den Büchern. Wenn man sein ganzes Geld auf einmal verzocken möchte, macht das die Sache wesentlich einfacher. Ein Buch dazu würde sich freilich recht langweilig lesen. Deshalb verzichte ich diesmal auf dieses Thema. Damit beschäftigen müssen wir uns trotzdem, denn solche Optionen haben auch Auswirkungen auf den Kurs einer realen Aktie.

Vor allem dann, wenn die Zocker durch Manipulationen am Kurs einer Aktie versuchen, die Gewinne mit den Optionen zu beeinflussen und den Totalverlust zu vermeiden.

Zukunftsorientiert wie ich bin, hatte ich natürlich auch einige Stücke Wirecard in meinem Portefeuille, Aktien natürlich. Als Spezialist für online Zahlungssysteme ein Unternehmen mit Wachstumsaussichten. Leider ist der Markt für solche Papiere auch sehr empfindsam auf Meldungen irgendwelcher Art. Es kam immer wieder zu Meldungen wie: „WireCard-ATOs / Gehackt: Verkäufer im Ausland (z.B. Großbritannien oder Italien)"

Wenn die Geschäftsgrundlage eines Onlinekonzerns in den Fokus von Hackern gerät, ist das äußerst heikel, zumal wenn die Sicherheit und Verlässlichkeit Grundlage des Geschäftsmodells ist.

Verständlicherweise kommt es dann bei solchen Meldungen nicht zu Höhensprüngen an der Börse.

Verluste müssen gemacht werden

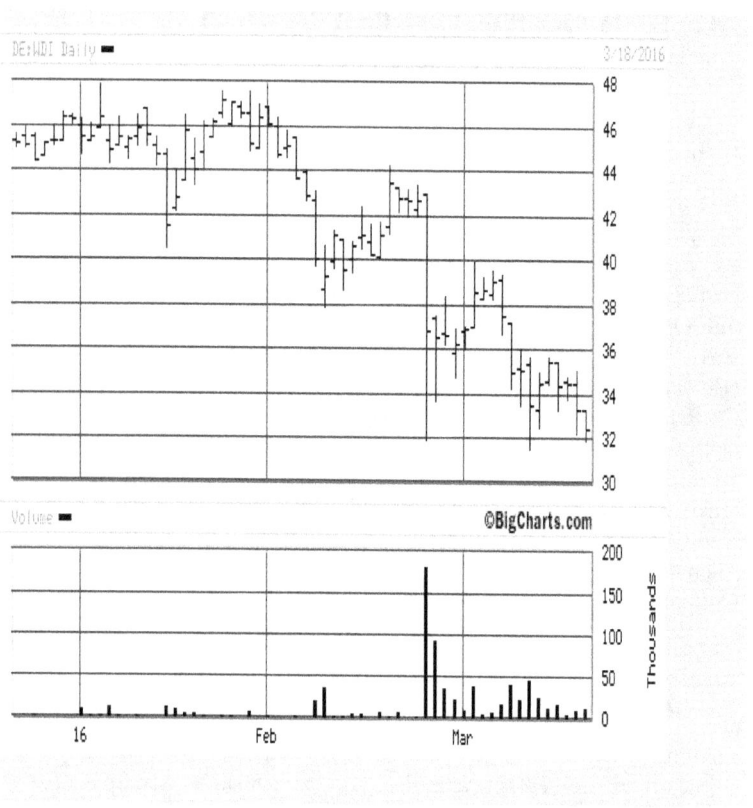

Chart von Wirecard im Feb. 2016   © *BigCharts.com*

Das Ganze lässt sich natürlich noch steigern. Geradezu tödlich für AGs ist die Behauptung, es liege unlauteres also betrügerisches Geschäftsgebaren vor. Wir werden im weiteren noch ähnliche Fälle finden.

Eigentlich ist es eine idiotische Behauptung, denn Aktiengesellschaften müssen, je nachdem an welchem Markt sie gehandelt werden, umfangreiche Geschäftsberichte vorlegen. Dazu zählt nicht nur die Jahresabschlussbilanz, sondern auch Quartalsberichte. Natürlich kann man Berichte schönfärben, aber nicht unbegrenzt und Manipulationen, wie sie meist in solchen Fällen vorgeworfen werden, würden sehr rasch auffallen. Schließlich schauen nicht nur alle Autoren von Börsenbriefen genau, auch ein großer Teil der Aktionäre schauen sich genau an, was man ihnen vorrechnet.

Im Februar des Jahres 2016 warf ein bis dato völlig unbekanntes Analysehaus namens 'Zatarra Research' Wirecard vor, zu betrügen. Der Kurs brach, wie der Chart unschwer erkennen lässt, um gut 25% ein.

Ein Unternehmen auf wirtschaftlicher Basis korrekt zu beurteilen ist eine schwere und langwierige Sache. Daher war nicht mit einer Gegendarstellung durch ein anderes Analysehaus binnen Kürze zu rechnen. Wer verbrennt sich schon gern die Finger? Schließlich weiß in einem solchen Augenblick kaum jemand, über welche Informationen jemand verfügt, der eine solche Meldung in die Welt setzt. Erweist eine solche Meldung sich jedoch als absichtlich falsch, muss derjenige mit juristischen Konsequenzen rechnen.

Also, nun war die Meldung in der Welt und der Kurs fiel folglich weiter, mit kurzen Korrekturen.

Aus dubiosen Quellen war freilich bald zu hören, es handele sich um einen Leerverkäufer, der sich verkalkuliert habe und nun die letzte noch verfügbare Rettungsleine ziehe, eine Falschmeldung. Der Kurs fiel trotzdem weiter, was natürlich den Verdacht nährte, es sei etwas an der Meldung dran und somit sahen sich die Bären bestätigt. Was bedeutet, dass es noch weiter abwärts ging. Nicht wenige Unternehmen wurden auf diese oder ähnliche Weise in den Ruin getrieben. Ob zu Recht oder Unrecht, lässt sich später im Nachhinein kaum noch sagen.

Ein Unternehmen, das derart bedrängt wird, versucht sich natürlich zu wehren. So äußerte sich der Vorstand Markus Braun: „Wir sind allen Vorwürfen nachgegangen. Jeder einzelne Punkt ist falsch. Das sind haltlose Unterstellungen!"

Verluste müssen gemacht werden

Es blieb jedoch nicht bei Klarstellungen. In einem sogenannten Directors dealing kaufte Herr Braun für 8 Millionen aus seinem Privatvermögen eigene Aktien, in der Hoffnung den Kurs dadurch zu stützen.

Was jedoch steckt genau hinter der Sache? Cineastisch belasteten Finanzfachleuten ist aufgefallen, woher der Name Zatarra stammen könnte. In dem Film „Monte Christo" von Kevin Reynolds aus dem Jahre 2002 bekommt Edmont Dantes, der spätere Graf von Monte Christo von dem Piraten Luigi Vampa, dem er nach seiner Flucht von Chateau d'If in die Hände fällt, den Spitznamen Zatara (Treibholz) verliehen. Die Geschichte des Drehbuchs entspricht freilich in keiner Weise dem ursprünglichen Roman von Alexandre Dumas.

Nun gibt die Verwendung von Edmont Dantes Spitznamen Anlass zu zwei Vermutungen. Edmont Dantes ruiniert den Bankier Danglar in Dumas' Roman nämlich durch Finanztransaktionen. Dadurch rächt sich Edmont für die ungerechtfertigte Gefangenschaft an einem der Beteiligten.

Die Verwendung eines Spitznamens des Grafen von Monte Christo könnte demnach eine Rache aber auch den Einsatz unlauterer Finanzgeschäfte andeuten. Zudem liegt nahe, dass der manipulierte Kurs der Wirecard bereits durch Shortpositionen zu Gewinnen genutzt worden sein kann. Da der Grund des Kurssturzes wohl ungerechtfertigt ist, erreicht man im Folgenden durch Longpositionen und wieder steigende Kurse weitere Gewinne.

Aber auch der erste Punkt entbehrt nicht jeder Grundlage. Das hängt mit der SdK zusammen. SdK steht für 'Schutzgemeinschaft der Kapitalanleger'. 1959 wurde sie als *Schutzgemeinschaft der Kleinaktionäre e.V.* gegründet und 2004 auf den heutigen Namen umgetauft. Neben zahlreichen Erfolgen mit der Vertretung von Aktionärsinteressen hat die SdK auch eine schwarze Seite, um nicht zu sagen eine Pechschwarze.

Börseninformationen beinhalteten seit jeher die Möglichkeit von Kursmanipulationen. Diesem Anreiz schienen einige der führendsten Köpfe der SdK nicht widerstehen zu können. Ihnen wird der Niedergang oder beinahe Niedergang einiger Firmen vorgeworfen. Unter anderem auch der Solar Millenium, auf die wir noch zu sprechen kommen.

2008 jedenfalls gab es Kritik gegen die SdK, weil sie auf der Hauptversammlung [welcher Firma? Wirecard?] am 24. Juni kritische Fragen bezüglich der Bilanz und der Geschäftsmethoden stellte. Kritische Fragen sind natürlich nicht verboten, aber die Fragen, die auf dem veröffentlichten Jahresabschluss beruhten, waren ungewöhnlich kritisch. Eine weitere Schutzvereinigung äußerte sich auch kritisch. Mir ist leider nicht bekannt, wie viele Stimmen durch die beiden Schutzvereinigungen vertreten wurden. Jedenfalls wurde mit 20 Millionen Stimmen gegen die Vorschläge der Verwaltung gestimmt.

Aber auch das ist noch lange nichts Ungewöhnliches. Als allerdings der Kurs der Aktie zwei Tage nach der Hauptversammlung zu sinken begann, begann Wirecard die SdK zu beschuldigen (Man sieht den Einbruch um 30% am linken Rand der folgenden Chartdarstellung). Markus Straub, ein damaliges Vorstandsmitglied, hatte im Mai des Jahres Optionen auf fallenden Kurs der Wirecard erworben. Die Vorwürfe lauteten, dass man für Hedgefonds, die auf fallende Aktien (short) spekulierten, die Kurse manipulierte. Angeblich um Schaden von der SdK abzuwenden, legte Straub als stellvertretender Vorsitzender sein Amt nieder.

In einem ersten juristischen Schritt erhob dann die SdK Anfechtungsklage gegen die Entlastungsbeschlüsse aus der Hauptversammlung und außerdem eine Klage auf Nichtigkeit des Jahresabschlusses 2007. Das war ein Frontalangriff auf die Seriosität und Glaubwürdigkeit der Firma Wirecard.

Nun reichte wiederum Wirecard im Gegenzug gegen die SdK Klage ein. Im September 2010 nahm die Anwaltschaft das Ermittlungsverfahren wegen Kursmanipulationen an der Wirecard Aktie gegen vier ehemalige und aktive SdK Funktionäre auf. Unter anderem gegen den Vorstandsvorsitzenden Klaus Schneider und seinen ehemaligen Stellvertreter Markus Straub. Beide landeten in Untersuchungshaft. Im Prozess, der im Januar 2012 begann, wurde ein Funktionär Bosler zu drei Jahren und Straub zu zwei Jahren und drei Monaten Gefängnis verurteilt.

Verluste müssen gemacht werden

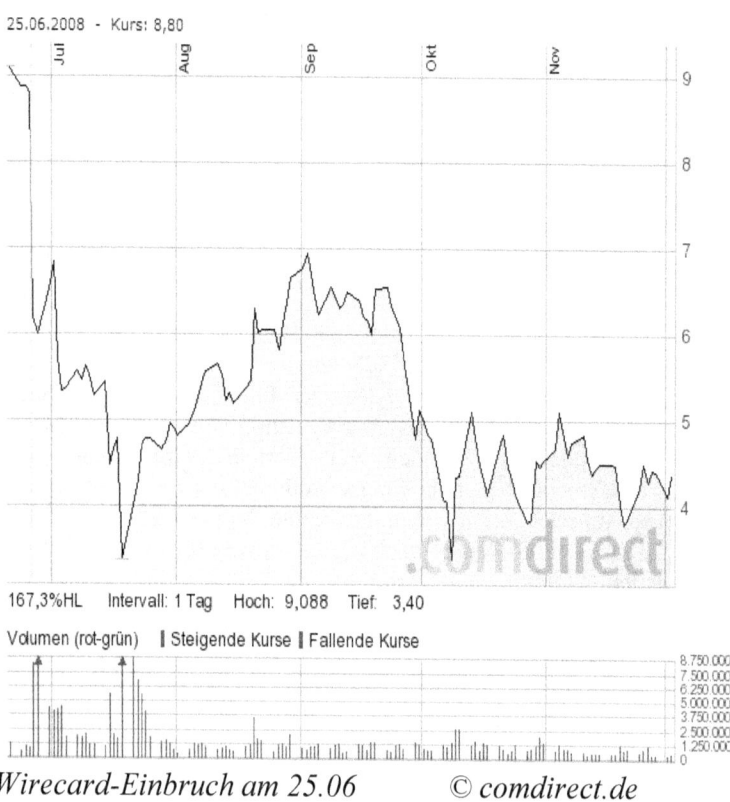

Wirecard-Einbruch am 25.06   *© comdirect.de*

„Ein Schelm, wer Gutes dabei denkt!" möchte man in einer Abwandlung mit König Edward III. von England (1312–1377) sagen: „*Honi soit qui mal y pense*" - „Ein Schuft, wer Böses dabei denkt."

Wenigstens möchte man demjenigen, wer immer es auch sei, ein gehöriges Maß an Kreativität aber auch Selbstüberschätzung zugestehen, wenn er sich mit der Schöpfung Alexandre Dumas' vergleicht. Aber selbst die muss am Ende ihre Anmaßung eingestehen und den Schauplatz (für immer?) verlassen.

Quellen:

http://www.anwalt.de/rechtstipps/der-fall-wirecard-ag-und-die-organisierten-leerverkaeufe_079970.html

Parkettweisheiten:

Markus Koch : „Es sind nicht die Zeiten, die sich ändern, sondern immer dieselbe Geschichte, die von immer neuen Menschen erlebt wird."

*

Wilhelm Busch : „Aber hier, wie überhaupt, kommt es anders, als man glaubt."

*

Arthur Schopenhauer : „Der Reichtum gleicht dem Seewasser; je mehr man davon trinkt, desto durstiger wird man"

Kaum träumt sie mal, die dumme Kuh,
da schlägt der Bär ganz kräftig zu

Hochmut kommt vor dem Fall

Dem einen sein Brot, dem Andern sein Tod

Was ist sicherer als eine Volksaktie? Früher trug Siemens stolz diesen Titel. Heute weiß man nicht einmal mehr, ob es überhaupt noch eine derartige Aktie in Deutschland gibt. Eon und RWE liegen am Boden. Und der Rest?

Als unbelehrbarer Optimist war ich natürlich nach wie vor der Meinung es gäbe Aktien, die man einfach einmal kauft und ganz unten in die Schublade legt. Irgendwann, zufällig wiederentdeckt sagt einem der Bankangestellte dann, man sei Millionär geworden. Quasi so im Vorbeigehen.

Volksaktie – Volkswagen. Was lag näher als dieser Bezug. In der Tat schlug VW sich seit Jahren ganz wacker. Ein Autowerk nach dem anderen wurde übernommen. Audi, Skoda, Seat, Bentley, Lamborghini, Bugatti, Scania, MAN, Ducati, was waren das für Namen? Wenn man auch nur ein wenig technikverliebt war, und welcher Mann ist das nicht, dann musste man diese Aktie haben.

Die Autostadt wurde gebaut.

Dann fing die Aktie an zu steigen. So 2007 oder so, genau kann ich das heute auch nicht mehr sagen. Es ging höher und höher. Wenn man genau hinhörte, so war da was wie; Porsche hätte die Finger im Spiel. Da musste man aber schon ganz genau hinhören.

Porsche und VW, da gab es ja immer schon Beziehungen.

Dann stieg die Aktie richtig.

Um es genauer zu spezifizieren, sie explodierte.

Wenn nicht jetzt, wann dann? Ich war wohl nicht der Einzige der kaufte. Fast 1000 € für eine Aktie. Das war wirklich ein stolzer Preis, um ehrlich zu sein, es war reiner Wahnsinn, zumal diese Aktien ja nicht gerade Mangelware an der Börse waren. 295 Millionen Stück, um es ungefähr zu sagen. Mit 1000 € pro Aktie war VW nun also 295 Mrd. wert. Immerhin mehr als halb so viel wie Apple.

Apple, was produzieren die doch gleich?

Natürlich war ich überzeugt 1000€, das wäre nur der Anfang. 1500, 2000, 5000... 10.000. Was kostet doch gleich die Aktie von diesem Warren Buffett, diese Berkshire Hathaway oder so, 186.634,901 EUR.

Ist das nicht lächerlich? Warum sollte einer deutschen Firma nicht gelingen, was ein amerikanischer Außenseiter hinbekam?

Ich war begeistert. Zeitweise soll VW sogar das teuerste Unternehmen der Welt gewesen sein.

Dann war Schluss. Ohne Vorwarnung, ohne Glocke auf dem Parkett.

Es kam heraus, dass Porsche mit dem Gedanken gespielt hatte VW zu übernehmen. Die Idee mag ihren Reiz haben, der auf seiten der Geschäftsführung wohl hauptsächlich darin bestand, den VW-Tarifvertrag nicht mit zu übernehmen und daher pro Auto noch mehr zu verdienen. Schon gab es ein allgemeines Geschrei bei Gewerkschaft und Betriebsräten.

Freilich hatte man bei Porsche das Ganze wohl etwas dilettantisch angefangen.

Denn als der Braten gerochen war, brach nicht nur der Kurs ein, auch VW gab seinerseits bekannt nun Porsche zu schlucken. Der Erfolg war überzeugend, bei meinen Aktien wurden aus 1000 € Scheinen innerhalb weniger Tage 400 € Stücke und es sah nicht so aus, als würde sich der Trend noch einmal umkehren (siehe folgenden Chart).

Ob ich wollte oder nicht, ich musste es verschmerzen.

Dann kam die Meldung in den Nachrichten. Ein Milliardär, Adolf Merckle, immerhin 6,9 Mrd. schwer hatte sich aus Verzweiflung vor einen Zug gestürzt. Schuld daran sollte die VW-Aktie sein, mit der er sich angeblich verspekuliert hatte.

Die Leiche des 74-jährigen Merckle wurde am 5. Januar 2009 gegen 19.30 Uhr von einem Mitarbeiter der Bahn auf den Gleisen 300 Meter von seiner Villa in Blaubeuren-Weiler entfernt gefunden.

Ein erfolgreicher Großunternehmer, der so viel Geld hatte, wie die meisten von uns sich nicht einmal erträumen können, stirbt wie ein

Verluste müssen gemacht werden

wohnsitzloser Landstreicher vor einem Zug. Es schien für die Menschen unfassbar.

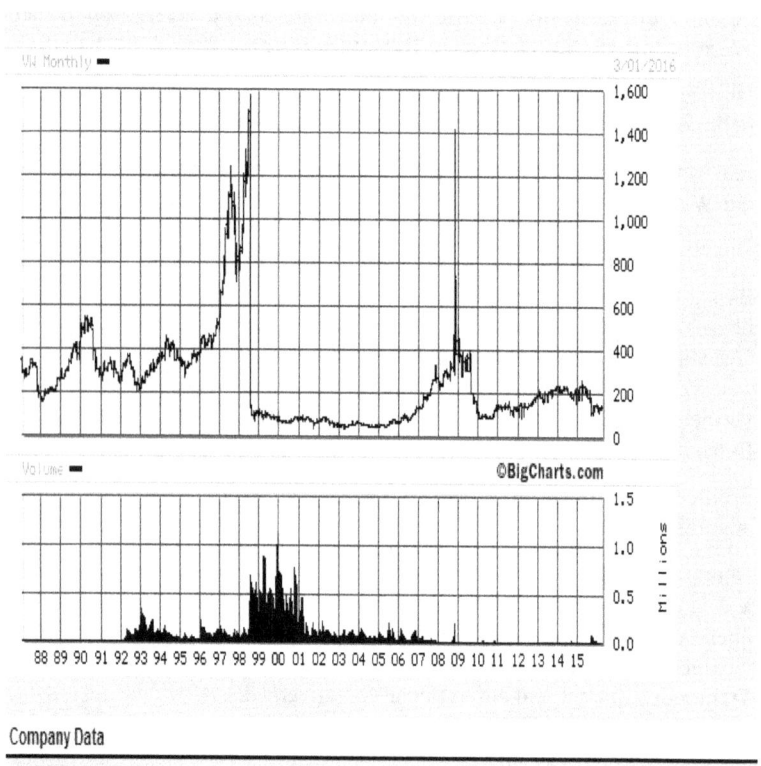

Company Data

Company Name: Volkswagen AG

Chart von VW   © *BigCharts.com*

Die Familie, in ihrer Trauer, sorgte für eine erste Aufklärung der Zusammenhänge um den Tod des schwäbischen Vorzeigeunternehmers. Man erklärte: "Die durch die Finanzkrise verursachte wirtschaftliche Notlage seiner Firmen und die damit verbundenen Unsicherheiten der letzten Wochen sowie die Ohnmacht, nicht mehr handeln zu können, haben den leidenschaftlichen Familienunternehmer gebrochen, und er hat sein Leben beendet." Sein Leben habe sich ausschließlich um seine

Unternehmen und seine Familie gedreht.

Wie sich herausstellte, hatte Merckle mit viel Geld, anders als ich, auf fallende VW Kurse gesetzt. Auch etliche Hedgefonds hatten wohl nach einem moderaten Anstieg der VW Aktie darauf gewettet, dass es bald wieder bergab ging und Put-Optionen gekauft.

Niemand rechnete offenbar ernsthaft damit, dass Porsche auf die Idee kommen würde VW zu übernehmen. Die Pessimisten unter den Tradern können also genau so bankrottgehen wie die blauäugigen Optimisten!

Porsche verkündete damals bereits 42,6 % aller VW Stamm-Aktien zu besitzen und Optionen auf weitere 31,5 % zu haben. Da Niedersachsen 20 % hält, konnten nur noch 5 % frei am Aktienmarkt gehandelt werden.

Je weniger Papiere eines Unternehmens aber an der Börse gehandelt werden, umso größer wird die Volatilität. Eben ganz nach dem deutschen Sprichwort: „Die Nachfrage und die Menge bestimmen den Preis"

Da zudem die Bekundung von Porsche das Interesse weckte, kannte der Kurs nur noch einen Weg, den nach oben. Alle, die per Optionen auf fallenden Kurs gesetzt hatten, mussten nun zusehen wie der Aktienkurs die sogenannte Knock-Out-Schwelle übersprang und ihre Optionen damit wertlos wurden.

Meine Wenigkeit sonnte sich noch in der Freude, ein steigendes Papier zu besitzen (siehe oben), bis sich bei Porsche die Gewissheit breitmachte, dass man nun selbst übernommen wurde. Also verkündete man nun, Aktien von VW zu verkaufen, weil es aussichtslos wäre, sie weiter zu halten. Daraufhin stürzte das Papier natürlich sofort ins Bodenlose.

Den Banken und Hedgefonds half das nicht mehr und Herrn Merckle ohnehin nicht. Denn ihre Optionen waren wertlos. Also hatten sie Milliarden verbrannt.

Nun war ich an der Reihe.

Als mein Kapital auf ein Drittel geschrumpft und Porsche Teil des VW-Konzerns war, kehrte scheinbar Ruhe ein. Zumindest sah es für den Außenstehenden mal so aus.

Verluste müssen gemacht werden

Doch die Übernahme von Porsche war noch nicht in trockenen Tüchern, da regnete es schon Klagen. Hedgefonds und Banken verklagten Porsche, weil man offensichtlich durch Käufe und andere Maßnahmen den Kurs der VW Papiere manipuliert hätte. Auch die Hinterbliebenen von Adolf Merckle verklagten die Sportwagenfirma, schließlich war ihr Verlust nicht nur materieller Art.

Klagen aber bedeuten immer Kosten. Kosten aber haben einen Kurs noch nie nach oben gehievt.

Von über tausend Euro kommend war der Abstieg für den VW-Kurs jedoch noch lange nicht beendet. Es sollte noch viel Schlimmer kommen.

Am 18. September 2015 wurde es bekannt, VW hatte offensichtlich, um die Abgasnormen in Amerika zu umgehen, eine Software installiert, die bei der Abgasprüfung die Motoren mit niedrigerem Schadstoffausstoß laufen lässt.

Was daraufhin mit dem Kurs passieren musste, kann man sehr schön an der folgenden Chartdarstellung erkennen. Der Kurs sackte zeitweise bis unter die 100€ Grenze ab. Aus dem teuersten Unternehmen der Welt war innerhalb weniger Monate ein Ladenhüter der Weltbörsen geworden.

VW Aktie mit Einbruch wegen Dieselgate

Dass die USA diesen Betrugsversuch einer deutschen Autofirma nicht auf die leichte Schulter nehmen würden, egal wie umweltschädlich die eigenen Automarken sind, konnte man schon daran erkennen, dass ein eigener Begriff für den Skandal geprägt wurde: „Dieselgate". Sozusagen synonym zum Watergate Skandal, einer Reihe von gravierenden Missbräuchen der Regierungsvollmachten, die schließlich Nixon 1974 das Amt kosteten.

Tatsache ist freilich, dass es in der europäischen Autoindustrie längst üblich war, die Abgaswerte von Dieselfahrzeugen zu schönen. Insbesondere damit sie der US-amerikanischen Abgasnorm gerecht wurden. Die Bordcomputer erkannten, wenn sich das Fahrzeug auf einem Prüfstand befand und ließen die Motoren umweltfreundlicher laufen. Im Straßenverkehr waren die Fahrzeuge dann bis zu 35 Mal umweltschädlicher.

Die *Wirtschaftswoche* wies unter anderem darauf hin, dass bereits Mitte 2012 ein Manager eines Autozulieferers den damaligen EU-Kommissar Antonio Tajani informierte, die Abgaswerte von Autos würden während des TÜV elektronisch von den Autoherstellern manipuliert.

Das konnte natürlich nicht im Sinne der europäischen Bemühungen sein, den Autoverkehr insgesamt umweltschonender zu machen. Die nationalen Stellen wurden auch über das Fehlverhalten informiert. Direkte Maßnahmen wurden jedoch nicht eingeleitet. Das Ganze sollte sich vor allem für VW als schwerwiegender Rohrkrepierer herausstellen.

Ich kann mir nicht ganz helfen, aber wenn Schweine geschlachtet werden ist es doch wohl so, dass man das schwerste Schwein schlachtet, weil bei ihm am meisten zu holen ist? Wer in der Automobilindustrie ist wohl das schwerste Schwein?

Das ist der eine Aspekt. Aber vielleicht ist es dem werten Leser ja auch aufgefallen. Tesla ist zu einer Art Börsenrenner geworden. Man interessiert sich für Elektromobilität und das nicht nur in Amerika. Aber irgendwie will die elektrische Rakete auf den Straßen der Welt nicht so recht abheben, ganz im Gegensatz zu den richtigen Raketen des Herrn Elon Musk.

Was liegt näher, als der Elektromobilität etwas Starthilfe zu geben, indem man die Verbrennungsmotoren etwas düpiert???

Verstehen Sie mich nicht falsch. Herr Musk hat damit ganz gewiss nichts zu tun. Er hat als Paradebeispiel meiner Idee vom Technik fördernden Milliardär wichtigeres zu tun als die deutsche Autoindustrie zu diffamieren. Aber ich möchte meinen, die Sache stinkt wie faule Eier und das ganz gewaltig.

Eine Geschichte, die deutlich zeigt, dass man überall mit harten Bandagen kämpft. Überall gibt es Dunkelmänner, Betrüger, die irgendwelche Zahlen, Daten, Abgaswerte manipulieren. Deshalb kommen Sie bitte niemals auf die Idee, irgendwer hätte Interesse daran das Ihre Investition in irgend ein Papier sich rentiert. Das Gegenteil ist der Fall.

Bleibt nur noch zu sagen; infolge des Skandals trat der langjährige Vorstandsvorsitzende der Volkswagen AG, Martin Winterkorn, zurück. Der Aufsichtsrat berief stattdessen den bisherigen Vorstandsvorsitzenden der Porsche AG, Matthias Müller.

Was bleibt als Fazit?

Wer viel hat, kann viel verlieren.

Eine traurige Sache und ein deutlicher Fingerzeig, wie schnell man an der Börse nicht nur sein Geld sondern auch sein Leben verspielen kann.

Ich für meinen Teil bin inzwischen, was meine Investition in die deutsche Automobilindustrie angeht, dermaßen frustriert... Ich könnte die paar Kröten, die mir noch geblieben sind, abheben. Ja, und mir etwas Alkoholisches davon kaufen. Für Champagner dürfte es nicht einmal mehr reichen, aber auch mit Fusel kann man sich betrinken. Wirklich tröstlich...

Quelle:

http://www.spiegel.de/wirtschaft/finanzkrise-milliardaer-merckle-begeht-selbstmord-a-599774.html

http://www.welt.de/wirtschaft/article3011513/Trauriger-Abschied-am-Sarg-Adolf-Merckles.html

Parkettweisheiten:

Isaac Newton : „Ich kann die Bahn der Himmelskörper auf Zentimeter und Sekunden genau berechnen, aber nicht, wohin die verrückte Menge einen Börsenkurs treiben kann."

*

Der einzelne Hund bellt, weil er den Dieb gehört hat, Hundert bellen weil sie den Einen bellen hören.

*

Eric Strutz : "Wir haben schon öfter gesagt, wir sehen Licht am Ende des Tunnels. Und dann mussten wir gestehen, dass es doch entgegenkommende Züge waren."

*

Wer höher steigt, als er sollte, fällt tiefer, als er wollte.

Er nimmt den größten Crash in Kauf,
pumpt munter eine Blase auf

Das neue Zeitalter - im Eimer

Verluste müssen gemacht werden

Was schert mich die Zukunft, wo es doch nicht meine ist?

Ein Aktionär investiert in die Zukunft, und damit in das Unbekannte. Natürlich ist er von der Idee getragen, dass die Zukunft, zumindest was seine Aktien angeht, positiv aussieht. Damit ist er der Optimist schlechthin. Dass es meist anders ausgeht, liegt an der Unbestimmtheit der Zukunft selbst.

Utopien wurden am Anfang, als sie sich aus ihrer Eierschale kämpften, oft belächelt. Denken wir an bedeutende technische Entwicklungen, wie Flugzeug, Auto oder Eisenbahn. Es gibt Unternehmen mit Ideen, die heute noch als Utopien gelten, denen man jedoch eine milliardenschwere goldene Zukunft vorhersagt. Denken sie an das selbstfahrende Auto, an Raketen, die zur Startrampe zurückkehren, Drohnen, die sich selbst in Schwärmen organisieren, Nahrung aus dem 3D Drucker, Neurocomputer oder Quantenrechner. Das sind natürlich noch lange nicht alle zukunftsträchtigen Ideen.

Als Aktionär steht man praktisch vor der Aufgabe, die aussichtsreichste Idee zu finden und im richtigen Moment in sie zu investieren. Ja, auch hier ist der richtige Moment ausschlaggebend. In den vergangenen drei Jahren gab es beispielsweise das große Thema 3D Drucker. Jeder Analyst war der Meinung, dass man hier nur investieren und abwarten müsse, um zum Millionär zu werden. Viele investierten wohl auch, aber was passierte? Nichts!

Oder besser; fast nichts. Eine Firma wie die japanische Keyence AG hat zwar seit 2010 eine beachtliche Performance von fast 500% hingelegt, die ist jedoch wie so oft mehr dem Markt und Helikopter Bernanke geschuldet als dem Erfolg der 3D Druckerindustrie.

Was bis heute fehlt, ist der Erfolg auf dem Massenmarkt. Doch welche Anwendung könnte den Durchschnittsbürger dazu bewegen, einen 3D Drucker zu erwerben? Sich selbst in Gartenzwerggröße klonen zu können, ist für ein Produkt, das Tausend Euronen und mehr kostet, wahrlich zu wenig,

Es gibt halt auch Produkte, die im Grunde niemand braucht. Und wenn man ehrlich ist, so ist es die Mehrzahl der modernen Produkte.

Was lag also näher, als in die ganz großen Utopien zu investieren?

Ich erinnere mich noch gut an ein Gespräch von vor 40 Jahren, mit einem jungen Möchtegernpolitiker, von dem ich nie wieder etwas hörte.

„Wäre es nicht sinnvoller in den Wüstengürteln der Erde Kraftwerke zu bauen, die konventionelle Generatoren mittels Turbinen antreiben, um Strom zu erzeugen, statt Solarzellen zu produzieren, die weniger Strom erzeugen, als ihre Produktion verschlingt? Die Energie könnte von der Sonne kommen und über spezielle und sehr lange Leitungen eingefangen werden." war meine wohl überlegte Frage.

„Lieber Mann wo denken sie hin? Was macht dann die kostbare Flora und Fauna der Wüstengebiete, die unwiderrufliche Schäden erleiden würde?"

Nun gut, Denken war noch nie eine Stärke des Menschen gewesen.

Umso mehr war ich erstaunt, als ich Jahrzehnte später vom sogenannten DESERTEC-Projekt hörte.

Der Club of Rome, ein Verein von Wissenschaftlern, der sich mit Rohstoffreserven und dem Klimawandel befasste und mit seinen Fehlprognosen weltberühmt wurde, gründete 2003 die TREC. Wobei TREC für **Trans-Mediterranean-Renewable-Energy-Cooperation** steht und ein Konzept für die großflächige Stromerzeugung in der Sahara, eben DESERTEC erarbeitete. Das sollte Abertausende von Arbeitsplätzen in Afrika schaffen. Billige Energie sollte die gesamte Wirtschaft florieren lassen. Von den Auswirkungen auf den Klimawandel ganz zu schweigen. Nicht nur, dass weniger Treibstoffgase in die Atmosphäre geblasen würden. Eine Umwandlung von Sonneneinstrahlung in Strom würde die Erde direkt abkühlen und das Wetter stabilisieren.

Im Schatten unterhalb der Spiegel könnten sogar Pflanzen angebaut werden. Überhaupt sind die gesamten Auswirkungen eines solchen Projektes noch gar nicht umfangreich genug bedacht und berechnet worden.

Was gibt einem Aktionär mehr auftrieb als ein Unternehmen, das einen seiner Gedanken verwirklicht?

Nun galt es nur noch eine Firma zu finden, die an diesem Projekt mitarbeitete. Das war nicht all zu schwer.

Da gab es „Solar Millenium" also frei übersetzt „Solar Zeitalter", die auf mich wie das Wirklichkeit gewordene DESERTEC Projekt wirkten. Sie bauten genau das, was ich mir vor 40 Jahren unter einem modernen Solarkraftwerk mit konventioneller Stromerzeugung vorgestellt hatte.

Die Firma baute sogenannte Parabolrinnen-Kraftwerke. Dabei werden gewaltige Reihen an Spiegel aufgestellt, die das einfallende Sonnenlicht auf ein Rohr bündeln, das in ihrem Brennpunkt verläuft. In dem gläsernen Rohr fließt ein synthetisches Öl, das bei 393°C die eingefangene Energie über einen Wärmetauscher an eine Turbine weiterleitet, die mittels Generator Strom erzeugt. Wird die Energie nachts benötigt, kann auch ein Energiespeicher auf Salzbasis zwischengeschaltet sein.

Die spiegelnden Rinnen des Kraftwerks Kramer Junction,
© *DesertecUK*

Als ich auf das Unternehmen aufmerksam wurde, hatte man sich gerade einen neuen Aufsichtsratsvorsitzenden gesucht. Eine Sache, die grundsätzlich bei AGs mit steigenden Kursen belohnt wird.

Verluste müssen gemacht werden

Man kann die Berufung dieses Herrn sehr gut am Chart des Unternehmens sehen.

Es war der 1. Januar 2010. Kurz darauf erreichte der Kurs fast die 45 € Marke (siehe folgenden Chart). Es sollte das Allzeithoch der Aktie werden.

An dieser Stelle wird es nun sehr schwierig, weil die Vorgänge um den 1. Januar 2010 zum großen Teil mehr als dubios sind. In den Meldungen hieß es immer nur, dass der neue Aufsichtsratsvorsitzende Erfahrungen aus dem Bereich der Energieversorgung mitbringe. Und zwar war er vorher Aufsichtsratsvorsitzender der EnBW gewesen, außerdem war er Mitglied des Vorstandsrates des Verbandes der Elektrizitätswirtschaft e.V. sowie stellvertretender Vorstandsvorsitzender des Verbandes der Verbundunternehmen und Regionalen Energieversorger in Deutschland (VRE e.V). Was von der Finanzpresse wohl wissentlich und vorsorglich verheimlicht wurde, denn er war ein ausgewiesener Befürworter der Kernenergie.

Dazu muss man wissen, dass Solar Millenium gerade einen Auftrag für ein 150 MW Solarkraftwerk in der Nähe von Las Vegas in der Tasche hatte. Man sprach vom ersten Solarkraftwerk mit der Leistung eines Atomkraftwerkes.

Von nun an ging's bergab.

Ich kann meinem werten Leser nicht vorschreiben, was er zu denken hat. Aber in diesem Fall lohnt es sich wirklich, sich einmal über die Leistungen des aktuellen und ehemaligen Managements von deutschen Aktiengesellschaften Gedanken zu machen.

Vor 100 Jahren konnte man ein Unternehmen leiten, wenn man ein ausgewiesener Fachmann war. Heute genügen ein gezwirbelter Schnurrbart und ein teurer Maßanzug. Ich denke dabei keineswegs an einen bestimmten Funktionär. Es scheint sogar Spezialisten in den Chefetagen zu geben, die sich auf Firmenzerschlagung und Insolvenzen spezialisiert zu haben.

Gewiss, derartige Koryphäen werden händeringend gesucht, üblicherweise jedoch nur von den Konkurrenzfirmen.

Der ehemalige Aufsichtsradvorsitzende von Solar Millenium, den ich damit ausdrücklich nicht meine, legte jedenfalls sein Amt kurze Zeit nach dem Amtsantritt wieder nieder, mit der Begründung bei Solar Millenium liege unlauteres also betrügerisches Geschäftsgebaren bezüglich der Projektfinanzierung vor. Sie erinnern sich an Wirecard?

Wie Solar Millenium seine Projekte finanzierte, konnte man in jeder Finanzzeitung und in jedem Anleiheprospekt nachlesen. Warum man erst Aufsichtsrat werden musste, um das festzustellen, bleibt rätselhaft.

Wie eine solche Aussage über die Geschäftsmethoden einer Firma wirkt, die ein Jahrhundertprojekt wie das 150-MW-Parabolspiegel-Kraftwerk in den USA stemmen sollte, brauche ich nicht extra zu erwähnen.

Am 21. Dezember 2011 stellte die Firma schließlich den Insolvenzantrag (Im Chart dort wo der Wert scheinbar auf Null abfällt).

Damit geht es dem DESERTEC-Projekt wohl ähnlich wie dem Atlantropa-Projekt des deutschen Architekten Herman Sörgel von 1928. Es wird im Sande verlaufen. In diesem Falle sogar nicht nur sprichwörtlich, im Sande der Sahara.

Beim Atlantropa-Projekt sollte die Straße von Gibraltar durch eine Staumauer verschlossen werden. Die dadurch gewonnene Energie und das durch das Absenken des Meeresspiegels entstandene Neuland sollten Arbeit und Frieden für Europa und Afrika bringen.Im Grunde also das gleiche Anliegen wie bei DESERTEC.

Von Atlantropa blieb nur die Idee. Bei DESÉRTEC ist es ein wenig mehr. Das Kraftwerk bei Las Vegas wurde von anderen Firmen fertiggestellt. Die erstellten Anlagen von Solar Millenium versehen ihren Dienst und werfen Gewinn ab. Andere Hersteller bauen weiter Parabolrinnen-Kraftwerke. Allein die Idee mit billiger Energie Afrika aus der Krise zu helfen und damit Flüchtlingsströme nach Norden zu verhindern, scheint stecken geblieben zu sein.

Es wird nicht die letzte gescheiterte Utopie bleiben.

Den Schaden jedoch, den die Insolvenz von Solar Millenium hinterlassen hat, kann man ziemlich genau beziffern.

Verluste müssen gemacht werden

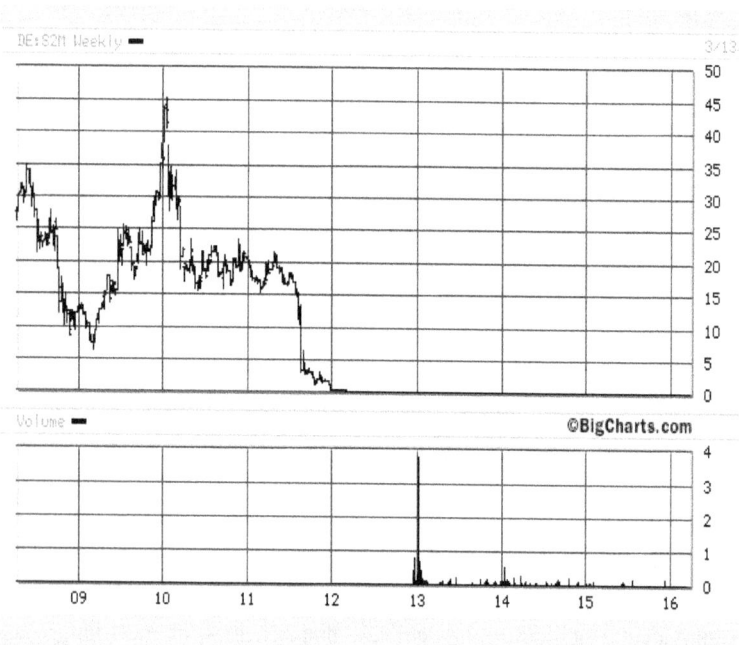

Chart von Solar Millenium
© BigChart.com

Den rund 30.000 Aktionären und Gläubigern ist ein Gesamtverlust von etwa 200 Millionen Euro entstanden. Doch was ist das schon in einer Zeit, in der unser Staat nur so mit Milliarden um sich wirft? Vielleicht die ganzen Ersparnisse einer alleinerziehenden Mutter? Die Altersvorsorge eines Arztes oder eines Juristen? Der kleine Lottogewinn eines Bauarbeiters?

Ein im Grunde trauriger Sachverhalt. In Wirklichkeit ist der Schaden noch weit größer. Es ist wie mit diesem Flugplatz, der nie fertig zu werden scheint. Imageschäden lassen sich nicht kitten. Wer will sich von Baufirmen etwas bauen lassen, deren Projektfertigstellungen sich um

Jahrzehnte verzögert?

150 MW Parabolspiegel-Kraftwerk Kramer Junction, Kalifornien © DesertecUK

Der Kurs der Solar Millenium steht übrigens aktuell bei 2 Cent. Was die

Leistung im Bereich Kapitalvernichtung angeht, verdient die Firma in meinen Augen zweifellos eine Bestnote.

Als einziger Trost blieb mir nur, ich wäre auch nicht besser gefahren, wenn ich statt Solar Millenium eine andere Solaraktie erstanden hätte. Eine Regierung, die eine Energiewende herbeiredet und dann nicht in der Lage ist, einheimische Solar-Industrie vor Dumpingpreisen zu schützen, ist keine Regierung.

Das Sterben der Solarindustrie Deutschlands ist eine der größten wirtschaftlichen Katastrophen der letzten 100 Jahre. Das sieht man bereits, wenn man einige der größten insolventen Firmen der Branche betrachtet.

Solarfirmen, die in Insolvenz gingen:

Solibra Solar Solution GmbH

Perfect Solar GmbH

Q-Cells AG

Solarwatt AG

Centrotherm Photovoltaics AG

Sovello GmbH

REC Wafer Norway

Solvo Solar Limited

Inventux Technologies AG

Sunstrom GmbH

Scheuten Solar

Odersun AG

Pairan GmbH

Soltectur GmbH

Solar Industries AG

Solar Millenium AG

Solarhybrid AG

HB Solar

Solon

U|S|E AG

SunConcept

usw.

Die Liste lässt sich praktisch beliebig verlängern.

Sie können sich nun in etwa vorstellen, welches Kapital und welches technische Potential die so positiv gesehene Energiewende im Grunde vernichtet hat. Zweifellos, die Energiewende selbst ist daran nicht schuld. Billigimporte aus dem Ausland waren es. Freilich fragt man sich, was die Politik tut, wozu sie überhaupt da ist? Etwa zur Subventionierung chinesischer Unternehmen?

Entwicklungen zu fordern reicht eben nicht, man muss Entwicklungen auch schützen.

Für mich war es am Ende nur ein schwacher Trost, dass ich mein Finanzschiffchen nicht als Einzelner wieder mal auf eine Sandbank gesetzt hatte.

Quellen:

http://www.trec-uk.org.uk/index.htm

Parkettweisheiten:

Salvador Dali : „Das Intimste der Intimsphäre ist das Geld. Wenn man weiß, wie viel Geld ein Mensch hat, weiß man von ihm so gut wie alles."

*

Heiko Thieme : „Der Pessimist ist der einzige Mist auf dem nichts wächst."

*

Wieland Staud : „Die meisten Leute verdienen an der Börse kein Geld, weil nichts schwerer ist als nur zuzusehen."

*

Reinhard Mohn : „Nur ein Narr spricht von dem was er kaufen will."

Ich hab noch eine Mailbox in Panama

Während ich an den letzten Kapiteln dieses Buches schrieb, kam die erste Meldung von den 'Panama-Papers' über die Medien.

Es war am 3 April 2016 und die Veröffentlichungen erschienen am Morgen in 109 Zeitungen, zahlreiche Radiosender, Fernsehstationen in 76 Ländern berichteten darüber, ganz zu schweigen von den Online-Medien.

Die heute als **Panama Papers** bezeichneten Informationen wurden bereits 2015 von einem anonymen Whistleblower zunächst der *Süddeutschen Zeitung* zugespielt. Es handelt sich dabei um vertrauliche Unterlagen des panamaischen Offshore-Dienstleisters Mossack Fonseca. Einer, von einem 1960 aus Deutschland ausgewandertem späteren Rechtsanwalt, gegründeten Kanzlei.

Die zugespielten Daten belegen Steuer- und Geldwäschedelikte, sowie den Bruch von UN-Sanktionen durch Kunden der Kanzlei.

Nachdem das am 3. April 2016 erstmals an die Öffentlichkeit gelangte, entflammten in zahlreichen Ländern öffentliche Debatten über Steueroasen, Briefkastenfirmen, Steuerdelikte und Steuermoral.

Die Dokumente aus den Jahren 1977 bis 2016 sind PDF- und Text- sowie Bilddateien mit rund 11,5 Millionen E-Mails, Briefen, Faxnachrichten, Gründungsurkunden, Kreditverträgen, Rechnungen und Bankauszügen.

Alles wurde erst ein Jahr lang von offizieller Seite bearbeitet, bis es an die Öffentlichkeit gelangte.

Zugegeben, Steuern behindern jede wirtschaftliche Tätigkeit.

Das ist nicht nur seit dem Roman von Mika Waltari bekannt.

Verluste müssen gemacht werden

Mika Waltari
© *http://www.britannica.com*

Ich sehe schon, Sie kennen die Geschichte von Sinuhe dem Ägypter von Mika Waltari noch nicht. Der Roman beruht auf einem altägyptischen Text, der bereits in den Arbeitersiedlungen für den Grabbau im Tal der Könige als Schulbuch diente.

In Waltaris Buch gibt es die erfundene Figur des Dieners Kaptah, der durch seine kaufmännische Tätigkeit zum Multimilliardär wird. Grundlage seines Reichtums ist vor allem eine ihm vom Herrscher verliehene Steuerfreiheit.

Schon nach meiner ersten Lektüre vor über einem halben

Jahrhundert habe ich mich gefragt, was wohl das Sinnvolle daran sein könnte. Jedenfalls macht es keinen Sinn, Geld von Staatswegen einzusammeln, damit es dann von politisch involvierten Kretins auf alle nur erdenkliche Weise verschleudert wird. Staat wie Volk können vielmehr davon profitieren, wenn fähige Leute mit dem Geld arbeiten.

Wofür zahlen wir eigentlich Steuern?

Lassen Sie mich ein wenig was aus der langen Geschichte der Steuern erzählen. Auch die Römer kannten bereits Steuern unter anderem die sogenannte Kopfsteuer. Was nicht weniger hieß als wie; jeder im Reich bezahlt sie. Bei Kindern mussten die Eltern löhnen. In Zeiten der Not führte es nicht selten dazu, dass die Eltern ihre Kinder umbrachten um deren Steuer nicht zu zahlen.

Nun ist das römische Reich je bekanntlich unter gegangen. Die näheren Umstände lassen wir einmal außer acht. Jedenfalls hatten sich einige Germanenstämme über das mehr oder weniger marode Reich hergemacht. Unter anderem auch die sogenannten Franken. Ein Sammelstamm bei dem jeder mitmachen durfte, der keine Steuern zahlen wollte. Das ist doch mal ein Parteiprogramm von Chlodwig und Co., das einem gefallen konnte. Es heißt ja nicht umsonst; Frank und Frei.

Mit der Zeit wurde es ein sehr großer Stamm und ein Eroberungszug folgte dem anderen. Schließlich stammt Frankreich und ein großer Teil Deutschlands daher. Wen wundert es, bei so einem freizügigen Finanzwesen? Aber irgendwann war Schluss damit. Denn sonst wären wir heute ja noch frank... Nun dürfen Sie drei Mal raten was mit dem passiert ist, der die Frechheit hatte die Kopfsteuer wieder einzuführen?

Genau... Ein gewisser Gregor von Tours hat es für uns nieder geschrieben: „Die Franken hassten Parthenius sehr, denn er hatte ihnen in der Zeit Chlodwigs Steuern auferlegt, und sie begannen ihn anzugreifen. Er erkannte, dass er in Gefahr war und floh aus der Stadt, wobei er zwei Bischöfe bat, sie mögen ihn nach Trier geleiten und den Aufstand des wild gewordenen Volkes durch ihre Predigt unterdrücken." Seinem Schicksal entkam er trotzdem

Verluste müssen gemacht werden

nicht: „... sie fanden ihn und zogen ihn heraus, dann schlugen sie ihn mit Fäusten, spuckten ihn an, banden seine Hände auf den Rücken und steinigten ihn neben einer Säule zu Tode."

Das Fazit: Man sollte auch politisch motivierte Versprechen halten. Behaupten Sie bitte nicht die Politiker hätten sich seit damals wirklich gebessert.

Wenn wir Aktien halten und sie mit Gewinn verkaufen, ist das eigentlich nichts anders als ein Glücksspiel. Glücksspielgewinne aber sind in Deutschland steuerfrei.

Zugegeben wäre es nicht gerecht, wenn Leute mit Geld, gleich woher sie es auch haben, nur dadurch Geld verdienen, indem sie es irgendwo, irgendwem zum Wirtschaften zur Verfügung stellen. Und jetzt das Wichtige: Wenn sie die Annehmlichkeiten des Staates genießen, ohne etwas beizutragen, sprich; ohne Steuern zu zahlen, dann ist das höchst fragwürdig.

Leider ist es aber so, sehr Viele tun es trotzdem, manche sogar indirekt, indem sie in Firmen investiert sind, die keine Steuern löhnen.

Das Problem ist nun leider, Regierungsvertreter oder auch hohe Beamte in der Regierung können nicht wirtschaften. Diese Behauptung brauche ich nicht zu belegen, die Nieten in den Ämtern sind ständig dabei, es selbst zu beweisen.

Eigentlich geht es so nicht weiter. Weder das Steuersystem ist gerecht, noch die Demokratien funktionieren so, wie sie es sollten. Aber auch Diktaturen sind nicht besser. Zudem führen sich manche gewählten Amtsinhaber ständig wie Diktatoren auf. Amtseide werden am laufenden Band gebrochen. Und diese Verbrecher in Amt und Würden wollen nicht nur dafür gelobt, sondern auch darin noch unterstützt werden. Das Unrechtsbewusstsein ist längst abgeschafft.

Aber ich will hier nicht politisieren noch an den Pranger stellen.

Ich gehe auch nicht davon aus, dass ich das allein seligmachende Rezept besitze.

Das Einzige, was ich möchte, ist zum Nachdenken anzuregen. Denn logisch denken ist zweifellos das, was auf unserer Welt an allen Ecken und Enden fehlt.

Versteuerung dürfte zunächst einmal der real arbeitenden Bevölkerung das zum Leben nötige Minimum an Einkommen nicht kürzen. Das widerspricht total der Idee der Besteuerung, sowie der ökonomischen Bewirtschaftung des Planeten durch Arbeitsteilung und führt sie ad absurdum.

Ich hoffe nicht, hier auch noch den Begriff der Arbeit definieren zu müssen. Also ererbte Millionen und Geld aus Vermietung von was auch immer, zählt nicht zum Lohn für Arbeit.

Eine gerechte Besteuerung also müsste nicht nur die Herkunft des Geldes sondern auch die weitere Nutzung berücksichtigen.

Das kann natürlich nicht nur auf Aussagen der zu Besteuernden beruhen. Je nach Höhe des Betrages müsste sowohl die Herkunft als auch die weitere Verwendung lückenlos kontrolliert werden.

Das mag auf den ersten Blick etwas waghalsig klingen. Tatsache ist allerdings das unsere bisherigen Konzepte nicht nur kläglich versagt haben sondern auch am Ende angelangt sind. Das zeigen die Überlegungen zur Abschaffung des Bargeldes mehr als deutlich.

Jedoch die Abschaffung des Bargeldes hat zahlreiche schwerwiegende Folgen. Wie üblich werden nur die Vorteile besungen und die Nachteile und Folgen behält man sorgfältig in der verschlossenen Schublade.

Sämtliche Banken werden nicht mehr zu Zwischenstationen für Finanzierungen sondern zu Kontrollinstanzen des Staates. Durch Verwaltungskosten werden ein Großteil der mittellosen Bevölkerung in die totale Armut getrieben. Ein zweiter illegaler Kapitalmarkt auf Basis von Edelmetallen und anderen Werten wird entstehen. Der Tauschhandel wird florieren, Milliarden an Steuereinnahmen werden verloren gehen und der Vernichtung von ehrlichem Kapital bei den Banken wird weiter Vorschub geleistet.

Verluste müssen gemacht werden

Falls es überhaupt noch kulturelle und wirtschaftliche Weiterentwicklung geben soll, wird man das Steuersystem völlig umbauen müssen.

Der einzige sinnvolle Weg dabei wäre die von mir hier erwähnte Sinnbesteuerung. Geld zu besitzen, nur um wohlhabend zu sein, gehört abgeschafft, falls die Menschheit eine Zukunft haben soll.

Geld gehört eben nicht nur bestimmten Leuten, genau wie Sonnenlicht (Apropos, wo bleibt die Solarsteuer?). Geld gehört eben nur dorthin, wo es der Allgemeinheit nutzt. Denn das ist seine einzige Existenzberechtigung.

Im Übrigen kann ich das Finanzministerium beruhigen. Ich bin weder Kommunist, noch Millionär, noch habe ich irgendwelche Kontakte nach Panama.

Parkettweisheiten:

Warren Buffett: „Warum soll ich die zweitbeste Aktie kaufen, wenn ich die beste haben kann?"

Nachtrag

Die Wahrheit muss gesagt sein!

Nun ja, ich will mich nicht ganz aus dem Staub machen, ohne meinem werten Leser etwas zu gestehen. Ich weiß, es ist nicht schön die Unwahrheit zu sagen. Aber ich fühle mich mitten in der sogenannten Lügenpresse nicht schlechter als all die anderen Kollegen meines Faches.

Bei mir ist es nicht der Mainstream, in den ich mich hineinlügen müsste, um nicht auf der rechten Seite herunterzufallen.

Ich denke mir, die Wahrheit hätte meine Leserschaft ziemlich gelangweilt. Wenn sie mich selbst schon langweilt, darf ich das wohl vermuten.

Nun es ist so, dass ich nicht eine einzige der genannten Aktien wirklich besessen habe. Gewiss habe ich fast bei Jeder wirklich mit dem Gedanken gespielt, ein paar Mark oder später Euro zu investieren. Aber erstens war mir mein Geld zu schade dafür und zweitens hatte ich nie so viel Vermögen besessen, wenn man das meinige überhaupt Vermögen nennen darf, um ernsthaft in Aktien zu investieren. Gewinnen, und das habe ich leider auch ohne die 'Schätzchen' aus diesem Buch erfahren dürfen, kann man nur dort, wo man etwas 'investieren' kann, ohne Geld einzusetzen.

Selbst wenn ich Ihnen nun haargenau erzählt hätte, wann ich was kaufte und wann ich es mit wie viel Gewinn oder Verlust wieder abstieß. Das ist alles Schnee von gestern. Aber es ist tatsächlich so, wie es manche Börsenweisheit einem weismachen möchte: Ich habe zwar viel verloren, aber dabei an Erfahrung gewonnen. Und wenn ich gewann, habe ich nichts dabei gelernt. Denn Erfolg macht unbesonnen, Misserfolge aber vorsichtig. Da ich meinen Lesern jedoch zu Erfolgen verhelfen möchte, habe ich von meinen vermeintlichen Misserfolgen erzählt. Denn zum Glück muss man nicht jeden Fehler selbst machen, man kann sogar aus den Fehlern anderer lernen.

Ich hoffe sehr, so ihre Schadenfreude ein wenig gekitzelt zu haben. Keine Angst, Schadenfreude ist weder eine Sünde noch schadet sie ernsthaft Ihrer Gesundheit.

Halten sie es wie ich; Reden Sie nie über ihre Investments. Dann brauchen Sie sich auch nicht zu schämen, wenn Sie sich einmal ernsthaft verspekuliert haben.

Parkettweisheit:

Seneca : „Wer die Weisheit sucht, ist ein kluger Mann; wer glaubt, sie gefunden zu haben, ist ein Narr.“

Links

Bestimmte Langzeit-Trendcharts:

http://www.macrotrends.net/

Beliebige Langzeitcharts:

http://bigcharts.marketwatch.com/

Directors Dealing Datenbank der Bafin:

https://portal.mvp.bafin.de/database/DealingsInfo/

Desertec Webseite:

http://www.trec-uk.org.uk/index.htm

Investment-Seite

http://keyinvest-de.ubs.com/

Finanzportal:

http://www.ariva.de/

Finanzportal:

http://www.finanzen.net/

Finanzportal:

http://www.onvista.de/

Finanzportal:

https://www.gettex.de/startseite/

Börsencommunity und Finanzportal:

https://www.sharewise.com/de/

Onlinebank:

https://www.ingmarkets.de/

Verluste müssen gemacht werden

Onlinebank:

https://www.comdirect.de/

Trading-Webpage

http://go.guidants.com/de

Asset Management:

http://www.jpmorganassetmanagement.de/

Dimontalban Finanzzeitung:

http://paper.li/dimontalban/1408614432

Dimontalban Webseite:

http://dimontalban.jimdo.com

Parkettweisheit:

Carl Fürstenberg : „Aktionäre sind dumm und unverschämt. Dumm, weil sie mir ihr Geld überlassen, und unverschämt, weil sie auch noch Dividende dafür wollen."

Literatur

Benoit B. Mandelbrot, Fraktale und Finanzen: Märkte zwischen Risiko, Rendite und Ruin, Piper, 2007

André Kostolany, Die Kunst, über Geld nachzudenken, Ullstein Taschenbuch, 2015

Robert Jakob, 100 ganz legale Börsentipps und -tricks, Verlag Ellert & Richter, 2015

André Kostolany, Das ist die Börse, Börsenbuchverlag, 2014

Matthias Weik, Der Crash ist die Lösung, Eichborn Verlag, 2014

Prof. Christoph Braunschweig, Das deutsche Narrenschiff, FinanzBuch Verlag, 2025

Parkettweisheit:

Klaus Göppert : „Börse: In einem repräsentativen Gebäude untergebrachter Markt für Aktien, der von Hektik und Geschrei geprägt ist. Von auf den ersten Blick ähnlichen Veranstaltungen wie Fisch- und Blumenmärkten unterscheidet sich die Börse vor allem dadurch, dass sie erst zu einer Zeit beginnt, zu der auch Leute aus gehobenen Gesellschaftsschichten ihre Arbeit aufzunehmen pflegen. Auf dieser Basis hat sich die Börse durch exklusive Riten wie eine besondere und nicht in Börsenkreisen verkehrenden Mitbürgern unverständliche Sprache sowie sich allerdings lockernde Kleidervorschriften eine exklusive Position erhalten können. Wesentlich zur Wahrung der Exklusivität hat auch beigetragen, dass das eigentliche Marktgeschehen, nämlich die Kursentwicklung, für Außenseiter nicht zu durchschauen ist. Die Bemühungen, aus dem Marktgeschehen eine die Exklusivität und damit auch die Pfründe sichernde Geheimwissenschaft zu machen, führen sogar so weit, dass die Kursentwicklung selbst für die sogenannten Börsianer längst nicht mehr verständlich ist. "

Genau deshalb folgt nun auch hier ein kleines Lexikon der Fachbegriffe.

Begriffe

Baisse

Die Zeit gefallener und fallender Börsenkurse. Allgemein die Zeit einer Wirtschaftsflaute.

Call-Option

Eine Option auf steigende Kurse eines Basiswertes.

Chaostheorie

Theorie, die sich mit der Unvorhersagbarkeit von zufälligen Vorgängen und Ereignissen befasst.

Dillinger Hüttenwerke

Ein Unternehmen der Schwerindustrie, das 1685 in der Stadt Dillingen an der Saar gegründet wurde. 1809 wurde es die erste deutsche AG. Heute werden dort hauptsächlich sogenannte Grobbleche produziert.

Directors dealing

Kauf- oder Verkaufsorder eines Aufsichtsrats- oder anderen Mitglieds der Firmenleitung einer AG. Solche Geschäfte müssen angezeigt werden, damit jeder davon erfährt und kein Insiderhandel möglich wird.

Dow Jones Index

Eigentlich 'Dow Jones Industrial Average' ist ein Aktienindex, der von

Verluste müssen gemacht werden

Gründern des Wall Street Journals und des Unternehmens Dow Jones, Charles Dow und Edward Jones, im Jahre 1884 erdacht wurde. Er gilt als der wichtigste Aktienindex der Welt.

Gap

Unter Gap versteht man eine Kurslücke, die zum Beispiel zwischen Handelsschluss und Eröffnung am nächsten Handelstag liegen kann. Es gibt positive aber auch negative Gaps. Oft werden Gaps wieder, wie man sagt, geschlossen. Der Verlust oder Gewinn wieder reduziert, da er nicht im direkten Handel entstand.

Hausse

Die Zeit gestiegener oder steigender Börsenkurse. Allgemein die Zeit eines Wirtschaftsaufschwungs.

Pennystock

So nennt man extrem niedrig stehende Aktien. Der Name sagt es bereits, ihre Preise liegen meist im Cent-Bereich, in Amerika also bei Pence. Oft sind es Papiere insolventer Unternehmen.

Put-Optionen

Eine Option auf fallende Kurse eines Basiswertes.

Stop-Loss Order

Mit Verlustvermeidung frei übersetzt, tut diese Limitorder genau das, was sie nicht soll, eigentlich Verlust realisieren. Das liegt freilich daran, dass niemand in die Zukunft sehen kann. Man kann also nur an fallenden Kursen erkennen, dass es Zeit wird eine Aktienanlage zu beenden. Hat man die Order richtig gesetzt, macht man sogar Gewinn.

Stop Loss 0 Aktien

Eine Aktie, die der Halter im Grunde gar nicht verkaufen möchte. Meist ist dem Besitzer nicht einmal bewusst, dass er Stop Loss 0 Aktien besitzt. Gerade die Überzeugung dieses Papier würde einmal den ganz großen Gewinn ermöglichen, machen diese Aktie für uns unverkäuflich. Meist endet es mit der Insolvenz des Unternehmens und der Wertlosigkeit der Aktie. In der Zeit als Aktien noch als reelle Papiere in den Safe gelegt wurden, wanderten sie nun aus dem Safe in einen Bilderrahmen an die Wand.

Volatilität

Schwankungsbreite des Kurses einer Aktie. Sie hängt stark vom Interesse der potentiellen Käufer also der Nachrichtenlage aber auch von der Menge der verfügbaren Aktien ab.